农民专业合作经济组织发展研究
——以江苏省为例

张兵　欧国平　姚敏　等　著

中　国　农　业　出　版　社

课题组成员（按姓氏笔画排列）：

王舒娟　左平桂　许国玉
沈　晖　沈颖妮　张　兵
张　宁　欧国平　孟德锋
郁胜国　林　青　姚　敏
夏泽霖

前　言

自中国农村经济改革以来，尤其是加入WTO以后，我国农产品市场日趋全球化，农产品竞争由国内市场竞争转向更为激烈的国际市场竞争。传统的一家一户式的小农生产经营模式遭受越来越严峻的考验。在农产品生产过程中，农业生产者无法及时准确地获取农产品市场的供求状况，进而无法及时地调整生产经营决策，优化农业资源的配置；在农业国际化进程中，由于分散的农户生产经营模式难以实现对农产品生产环节的全程控制，导致农产品质量参差不齐，同时农药残留和动物疫病问题也成为我国农产品出口和内销的瓶颈。最终导致的结果是市场一体化程度低、市场效率低下、市场竞争程度低、信息不完备、信息不对称、市场风险大增，“小农民”与“大市场”之间的矛盾表现得越来越为尖锐。于是，一种能够有效解决上述问题的中介组织——农民专业合作经济组织应运而生。它是以家庭承包经营为基础，由农民与相关企业、组织和个人，在高度自愿基础上按互利互惠原则联合起来，以农民为主要成员，围绕某个专业或产品组织起来的，在技术、资金、采购、销售、加工、仓储、运输、开发等各环节开展互助合作的经济和技术组织。我国的《农业法》明确规定，国家鼓励农民在家庭承包经营的基础上，自愿组成各类专业合作经济组织。2007 年 1 月颁布施行的《中华人民共和国农民专业合作社法》明确了农民合作社的法律地位，对于规范农民合作组织的经营管理起到十分重要的作用。

农民专业合作经济组织，是提高农业生产经营的组织化程度、推进农业适度规模经营、发展现代高效农业的重要组织形式和经营方式。因为农民专业合作经济组织是农民生产、经营的一种联合和合作，有利于打破一家一户的分散经营格局，实现农产品生产标准化、规模化发展，进而提高农产品的市场竞争力，提高生产经营效率和农业综合效益。同时，农民专业合作经济组织有利于拉长农业产业链条，实现农业产业化发展，带动农产品加工业、流通业等的成长与发展，从而促进农业产业结构调整及产业化经营。

农民专业合作经济组织，是维护农民利益、促进农民增收的重要组织形式和经营方式。《中华人民共和国农民专业合作社法》规定，农民专业合作经济组织按照"民办、民管、民受益"的原则组建，农民占据主体地位，因此合作组织代表的是广大农民的利益。一方面，有利于激发农民的生产经营及合作的积极性；另一方面，合作组织合作经营、集约经营、规模经营的模式，有利于降低农产品的生产和流通成本、拓宽经营销售渠道，从而促进农民收入增加。

农民专业合作经济组织，是培育新型农民、推进社会主义新农村建设的重要组织形式和经营方式。因为农民专业合作经济组织为农民提供先进的生产技术、提供市场信息、提供教育培训等服务，有利于提高农民运用现代农业科学技术的水平，有利于提高农民接受新兴事物的能力，有利于增强农民的市场意识和风险意识，有利于提高农民的竞争能力和互助合作的精神，从而培养出善于经营和管理的新型农民。

可见农民专业合作经济组织对于解决"小农民"与"大市

场"的矛盾，对于促进农业产业结构调整，实现农业产业化经营，发展现代农业具有重要的推动作用。现实情况是，我国的农民专业合作经济组织发展势头迅猛。2008年在杭州市召开的中国农民合作经济组织发展国际研讨会上，农业部宣布我国的各类农民专业合作经济组织已达到15万多个，涉及到种植、养殖、农机、土肥、手工编织等各个领域，业务范围延伸到运输、仓储、初加工、农业投入品供应等各个环节，覆盖成员总数近4 000万，是2002年的7倍多，其中农户成员3 480万多个，占全国农户总数的13.8%，比2002年提高了11个百分点。入社成员收入普遍比非成员农户高出20%以上，有的甚至高出一倍以上。另据国家工商总局统计，至2008年6月底，全国依法新登记并领取法人营业执照的农民专业合作社达到58 072家，入社成员达771 850人（户）。从江苏省范围来看，江苏省工商局统计资料显示，2007年底，全省农民专业合作经济组织已达7 400个，成员260万人，带动农户380万户，分别比上年增加1 000个、40万人、46万户，苏北地区农民专业合作经济组织数量占全省的60%左右。截至2009年9月底，全省工商登记的农民专业合作社已达到21 113家，出资总额2 279 573.8万元。从数量上看，我国的农民专业合作经济组织发展已形成一定的气候。

鉴于农民专业合作经济组织对于我国农业发展的重要影响，以及具有庞大数量组织存在的现实情况，对农民专业合作经济组织的研究就具有了特别的意义。本研究以江苏省为例，主要从理论、实证和案例的角度对我国农民专业合作经济组织的运行情况、发展模式、运行绩效、信贷情况等方面进行全面系统的分析，拟总结出目前我国农民专业合作经济组织发展的规律性特征，分析农户参与组织的意愿及目前农民对于合作组织现状的满意程度，探寻影响农民专业合作经济组织信贷及经营绩效的主要因素。主要研究内容包括：农民专业合作经济组织的概念界定与国外合作组织的相关发展经验；影响农户参与农民专业合作经济组织意愿的因素分析；江苏省世行项目区的农民专业合作经济组织的运行情况分析；农民专业合作经济组织信贷影响因素分析以及其经营绩效的影响因素分析；对江苏省农民专业合作经济组织的案例分析。基于以上的研究，本研究认为目前农民专业合作经济组织的发展过程中仍存在一系列亟待解决的问题，主要表现在组织运行不够规范，规模不大，服务形式单一，部分社员甚至干部的合作意识、市场意识、法律意识仍然淡薄，组织难以获取正规金融机构的贷款等。对此，提出了几点相关的政策建议，主要包括各地政府应当因地制宜地引导农民专业合作经济组织的发展，充分重视农村人力资本建设，加强对农民专业合作经济组织的宣传和各方面的支持，成立农村资金互助合作社，加强农民专业合作经济组织与其他协会的相互配合。

摘　要

中国农村经济改革实施以来，尤其是加入WTO以后，我国农产品市场日趋全球化，传统的一家一户的小农生产经营模式遭受严峻考验，农产品的标准化、信息化、农药残留检测等问题都难以克服。以家庭为单位的小农式生产经营模式中，农业生产者无法及时准确地获取农产品市场的供求状况，进而无法及时地调整生产经营决策，优化农业资源的配置。在农业国际化进程中，农产品的质量，尤其是农药残留和动物疫病问题越来越成为我国农产品出口和内销的瓶颈，而分散的农户生产经营模式下，农产品生产环节的全程控制难以实现。于是，我国“小农民”与“大市场”的矛盾愈发尖锐，增强农产品的国际竞争力、提高农民收入、全面建设小康社会面临巨大的挑战。在这样的背景下，农民专业合作经济组织应运而生，有效地促进了农民与市场之间的沟通。而从发达国家的成功经验来看，一个国家农产品竞争力的提高，很大程度上取决于农业组织化程度。因此，对我国农民专业合作经济组织发展的研究，对于提高农民收入，全面建设小康社会具有重要意义。

本书以江苏省为例，主要从理论、实证和案例的角度对我国农民专业合作经济组织的运行情况、发展模式、运行绩效、信贷情况等方面进行全面系统的分析，拟回答哪些因素影响农户决策参加农民专业合作经济组织；哪些因素影响农民专业合作经济组织的信贷及经营绩效等问题，主要研究内容如下：

(1) 农民专业合作经济组织的概念界定与国外合作组织的相关发展经验。主要包括农民专业合作经济组织的定义、种类，以及组织基本范畴的界定，同时还对国外农民专业合作经济组织的发展进行系统的概述。

(2) 农户参与农民专业合作经济组织的意愿分析。本部分主要对江苏省农户参与农民专业合作经济组织的意愿及其影响因素进行分析，通过Logit模型考察各因素对农户参加合作组织意愿的影响，揭示各因素对农户参与意愿的内在作用机制。

(3) 针对江苏省世行项目区的农民专业合作经济组织的运行情况进行分析，从它的分布状况、组织形式、运行状况几个方面进行跟踪研究。

(4) 农民专业合作经济组织信贷影响因素分析。本部分主要从农民专业合作经济组织信贷情况入手，以江苏省为例选取有代表性的20个农民专业合作经济组织，调查了2005—2007年3年间的借贷数据和农民专业合作经济组织特征数据，在此基础上进行定性与定量的分析。

(5) 农民专业合作经济组织经营绩效的影响因素分析。本部分以江苏省为例，采用Tobit模型分析各因素对农民专业合作经济组织经营绩效的影响程度，其中选取的主要影响因素有合作组织主要管理人员的年龄、受教育程度以及组织的规模，其中包括会员数和所辐射的农户数。

(6) 江苏省农民专业合作经济组织的案例分析。本部分按照行业性质以及发起动因两种不同的分类方式进行分类归纳，总结各种类型组织的特征，分析各种类型组织内在的运行机制，利益联结机制，为江苏省农民专业合作经济组织的发展提供可行性的指导意见。

基于以上的研究，得出了几点关于农民专业合作经济组织发展的建议，主要包括各地政府应当因地制宜地引导农民专业合作经济组织的发展，充分重视农村人力资本建设，加强对农民专业合作经济组织的宣传和各方面的支持，成立农村资金互助合作社，加强农民专业合作经济组织与其他协会的相互配合。

Abstract

Ever since China' s rural economic reform, especially after China' s entry of WTO, China' s agricultural product market has become global. The traditional production and operation pattern of small farmers that consists of families suffers from severe test. Some problems as the standardization, information and the test of pesticide residuals of the agricultural product are difficult to overcome. In the production and operation pattern of small farmers that consists of families, because agricultural workers cannot accurately access to the information of the agricultural market, they cannot timely adjust their decision-making of production and operation and optimize the allocation of agricultural resource. In the process of agricultural globalization, the quality of agricultural product, especially the problems of pesticide residuals and animal epidemic diseases gradually becomes the bottleneck of the agricultural product both in the export and domestic sales. Under the production and operation pattern of separate farmers, it is difficult to implement the full-process control of the production of agricultural product, thus the conflict of "small farmers" and "huge market" becomes even more evident, and it faces great challenge to enhance the international competitive power of the agricultural product, improve farmer' s income and build a well-off society in an all-round manner. It is in such a background that the farmers' professional cooperative associations emerge, and they enhance the communication of farmers and market. The successful experience of developed countries is that it is largely depend on the rural organization to improve the competitive power of the agricultural product of one country. Hence, in an attempt to improve farmer' s income and build a well～off society in an all-round manner, it is of great importance to study the development of farmers' professional cooperative economic associations.

The study uses the reference of the development experience of farmers' professional cooperative economic associations in foreign countries, and combines with the unique characteristics of the development of farmers' professional cooperative economic associations in Jiangsu Province, thus comprehensively analyzes the development of farmers' professional cooperative economic associations in our country, from both the theoretical and empirical view. The main research contents of this book are as follows:

(1) the definition of farmers' professional cooperative economic associations and the relevant developing experience of cooperative associations in foreign countries, including the definition and pattern of farmers' professional cooperative economic associations, the broad definition of associations, as well as the systematic summarization of the developing experience of farmers' professional cooperative economic associations in foreign countries.

(2) the willingness analysis for farmers to participate in

farmers' professional cooperative economic associations. This part mainly analyzes the willingness and influencing factors for farmers to participate in farmers' professional cooperative economic associations in Jiangsu Province. It investigates the influence of each factor for farmers to participate in farmers' cooperative associations using the Logit Model, and discovers the internal working mechanism of each factor for farmers' participation.

(3) the analysis of the operational condition of farmers' professional cooperative economic associations in Jiangsu's world bank project area, and tracking research of several aspects such as their distribution, organization and operation.

(4) the analysis of the influencing factor of the credit of farmers' professional cooperative economic associations. This part mainly studies from the credit situation of farmers' professional cooperative economic associations, using the example of Jiangsu Province and choosing 20 farmers' professional cooperative economic associations as the sample, and investigate the characteristic statistics of farmers' professional cooperative economic associations and credit statistics from 2005 to 2007, then make qualitative and quantitative analysis bases on the statistics.

(5) the analysis of the influencing factor of the operation performance of farmers' professional cooperative economic associations. This part uses the example of Jiangsu Province and applies Tobit Model to analyze the influence from each factor to the operation performance of farmers' professional cooperative economic associations. The chosen influencing factors involve age and education level of the major administrative staff of the coop-

erative associations, and the organization scale, including number of membership and membership in relation.

(6) the case study of farmers' professional cooperative economic associations in Jiangsu Province. According to the industry property and initiating motivation, this part divides farmers' professional cooperative economic associations, and summarizes organizations of all patterns. It also analyzes the internal operation mechanism and interest binding mechanism of different organizations, thus offers feasible guiding suggestions for the development of farmers' professional cooperative economic associations in Jiangsu Province.

On the basis of the above study, this research gets some suggestions regarding the development of farmers' professional cooperative economic associations, mainly including: the local government should respond according to local condition to induct the development of farmers' professional cooperative economic associations, give enough priority to the construction of rural human resources, enhance the support and publicity of farmers' professional cooperative economic associations, establish rural mutual financing cooperatives, and improve the mutual coordination of farmers' professional cooperative economic associations and other associations.

目　录

第一章 导 论

1.1 研究背景及意义

自农村经济改革以来，我国的农业与农村都发生了深刻的变化，农村生产力有了很大发展，各类农产品的供应有了极大的增长，农产品竞争由国内市场竞争转向国际市场竞争，我国农业步入了战略性调整和发展的新阶段。面对农产品市场日趋国际化的新形势，显著提高我国农产品的国际竞争力，对于促进农业发展、提高农民收入具有重要意义。然而现实情况是，传统的一家一户式的小农生产经营模式，导致农产品市场一体化程度低、市场效率低下、市场竞争程度低、信息不完备、信息不对称、市场风险大增，最终使得“小农民”与“大市场”的矛盾表现得越来越为突出。因此客观上迫切需要一个能够促进农民与市场沟通的组织存在；并且从发达国家的成功经验中可以看出，一个国家农产品国际竞争力的提高，在很大程度上取决于该国的农业组织化程度。就农民专业合作经济组织在农业产业化经营过程中的功能来看，它能够组织成员以市场需求为导向进行生产与销售；能够为农户、龙头企业提供中介服务，成为联结农户、市场、龙头企业的重要纽带，从而节约双方的交易成本；能够逐步向农业生产前后延伸，兴办各种经济实体，将组织演变成为社团性的产业一体化组织或专业性的产业一体化组织，最终拉长收入链条。因此，发展农民专业合作经济组织是加快我国农业与国际接轨，提高农业组织化程度和农产品商品率，提高我国农业竞争力，增加农民收入的有效途径。

我国新颁布实施的《农业法》第二条将专业合作经济组织纳入农业生产经营组织范畴，第十一条更是明确规定：国家鼓励农民在家庭承包经营的基础上自愿组成各类专业合作经济组织。农民专业合作经济组织应当坚持为成员服务的宗旨，按照加入自愿、退出自由、民主管理、盈余返还的原则，依法在其章程规定的范围内开展农业生产经营和服务活动。农民专业合作经济组织可以有多种形式，依法成立、依法登记。任何组织和个人不得侵犯农民专业合作经济组织的财产和经营自主权。2007 年 7 月 1 日开始施行的《中华人民共和国农民专业合作社法》明确了农民合作社的法律地位，对于规范农民合作组织的经营管理起到了十分重要的作用。这都充分说明农民专业合作经济组织引起了政府的日益重视。

2008 年在杭州市召开的中国农民合作经济组织发展国际研讨会上，农业部宣布我国的各类农民专业合作经济组织已达到 15 万多个，涉及到种植、养殖、农机、土肥、手工编织等各个领域，业务范围延伸到运输、仓储、初加工、农业投入品供应等各个环节，覆盖成员总数近 4 000 万，是 2002 年的 7 倍多，其中农户成员 3 480 万多个，占全国农户总数的 13.8%，比 2002 年提高了 11 个百分点。入社成员收入普遍比非成员农户高出 20%以上，有的甚至高出一倍以上。从江苏省范围来看，江苏省工商局统计资料显示，2007 年底，全省农民专业合作经济组织已达 7 400 个，成员 260 万人，带动农户 380 万户，分别比上年增加 1 000 个、40 万人、46 万户，苏北地区农民专业合作经济组织数量占全省的 60%左右。截至 2009 年 9 月底，全省工商登记的农民专业合作社已达到 21 113 家，出资总额 2 279 573.8 万元，发展势头迅猛。

在这样的背景下，有必要充分了解我国农民专业合作经济组织的现实运行情况，以使其扬长避短，规范发展，并为政府制定政策提供依据，最终实现农民增收。那么究竟哪些因素影响农户决策参加农民专业合作经济组织？哪些因素影响农民专业合作经济组织的信贷及经营绩效？这些都是本书所要解决的问题，对于完善我国农民专业合作经济组织的发展，提高农民收入，全面建设小康社会具有重要意义。

1.2 国内外研究现状

农业组织化问题一直是国内外农业经济研究的热点问题。农业生产的特性决定了以个人和家庭为主的农业微观主体在走向市场化的过程中，必然面临农户小规模生产与大市场的矛盾（牛若峰，1995）。国内外实践表明，在传统农业向现代农业转变的过程中，农业组织水平也将从低层次、低水平、小规模向高层次、高水平、规模化发展。农业组织化发展过程的本质就是在寻找一种可以降低交易成本、提供经济服务、实现合作条件、改变内部激励机制、提供保险功能、实现对外盈利的制度（威廉姆森，1985）。正是这种寻求制度保障的本质使得农业组织化发展成为农业市场经济发展的一种必然选择。

国外对农业组织化问题的研究历史较长，早在19世纪50年代，合作社理论研究就已成为经济学界的一个重要研究课题。先是沃德（Ward）对合作社理论进行了探索研究；其后，多默·文克（Do-mar Vanek）和米德（Meade）等学者将新古典经济学的方法论、理论范畴和经济计量手段引入合作社理论研究，使得合作社经济学成为当代经济学的一个重要分支。到20世纪20年代，A. 恰亚诺夫等学者对农民农场的适宜规模、农业合作社的理论和农民经济行为与家庭农场运行机制问题进行了开创性的研究。A. 恰亚诺夫认为，农民家庭农场和农民家庭经营在农业发展中具有较强的生命力，并预言未来资本主义农业的主体仍是小农农场而不是“农业工厂”；农业资本主义现代化的主要形式是“农业产业纵向一体化”而非横向“农民分散化”；未来新农村应走产前产后服务社会化和乡村工业之路。此后几十年，资本主义农业组织化发展进入了一个最重要的阶段。在各个主要的资本主义国家中，农业合作社、农业专业协会等新型农民组织大量涌现，并掌握着国内绝大部分农产品的生产。随着该现象的出现，理论界对农业组织化问题的研究进入了一个多产时代，总体看来，研究主要集中在农业合作经济组织形成的动因和组织的运作效率方面。首先，关于农业合作经济组织形成的动因方面，国外学者认为，由于合作经济组织具有降低内部生产成本、分担市场风险、提高劳动生产率等方面的作用，能够吸引广大农民加入合作经济组织中，通过合作经济组织提高整体的经济收益。其次，在组织运作效率研究方面，国外学者一致认为，保持组织高效稳定的运作效率，是组织得以生存的关键。20 世纪 80 年代以后，博弈论、产权理论、交易成本理论、契约理论、制度变迁理论的完善，为研究组织合作生产和组织效率提供了广阔的前景，例如诺斯和托马斯较早地对合作经济组织问题进行现代经济意义上的制度分析，完成了用交易成本分析农业经济组织的先驱性研究。

在我国，农业组织化实践早于农业组织化理论研究。20 世纪 50 年代，我国进行了农业合作化运动，1951 年开始成立农民互助组，其后发展成农民初级社、高级社、直至人民公社的成立。人民公社这一农民组织形式在 1978 年前后开始解体，1985 年彻底退出了基层农村，家庭联产承包责任制取而代之。进入 20 世纪 90 年代后，随着市场经济的迅速发展及开放程度的不断提高，农户分散经营、农产品交易方式落后、流通费用高等问题，使得“小农户”与“大市场”的矛盾日益突出。为解决这一矛盾，不少地区开始积极地寻求新的农业和农民组织化形式。于是，在我国沿海发达地区出现了农业专业合作社、农业专业协会、股份农业合作社、龙头企业等一系列新的农业和农民组织，在一定程度上缓解了“小农户”与“大市场”的矛盾。

20 世纪 90 年代早期，国内学者对农业组织化问题开始进行富有成效的探索。林毅夫（1990）在其《集体化与中国 1959—1961 年的农业危机》一文中，运用博弈论的逻辑和“可自我执行的协议”理论对我国 50 年代末农业合作化运动的失败进行解释，认为社员被剥夺了退社自由和对社员劳作的监督成本过高是导致农业合作社生产效率下降的主要原因。随后林毅夫（1992）撰文对我国 1978 年起进行的农业组织化改革的成果进行分析，认为我国农村农业组织化的改革，即家庭联产承包责任制的引入，对我国 1978—1984 年底粮食增产的直接贡献率高达 40%，这些都是对我国早期农业合作社运动和农业组织改革的研究。20 世纪 90 年代中期，随着各地新型农业组织化形式的发展，学术界对农业组织化问题的研究也步入一个崭新时期，学者们在总结农业组织化发展的经验后，明确提出“农业产业化”的概念（王渭田、牛若峰），这是我国农业组织形式在家庭联产承包之后的又一次重大改革。

20 世纪 90 年代以来，我国学术界对农业组织化问题的研究范围和领域归纳起来主要集中在以下四个方面：

第一，用现代经济学的理论和方法研究了农业合作经济组织形成的动因、变迁和组织的创新。如运用博弈论的逻辑和“可自我执行协议”理论对我国 50 年代末农业合作化运动的失败做出解释（林毅夫，1990）；对股份合作制进行制度解析（孔径源，1994）；对农村的制度变迁与组织创新进行研究（张晓山，1996）；以及对农业经济组织的制度逻辑分析（罗必良，2000）。这些研究对各种农业组织存在合理性及其发展的内在机制与方式、影响因素、经济绩效评价进行了高度抽象化的概括。

第二，对农业合作经济组织的运作模式及其利益联结机制等方面展开的研究。对农业经济组织运作模式的研究主要有专业性合作社研究（谭向勇，1995）、农民协会组织研究（陈寄根，

1994）、农村社区合作经济组织研究（翟印礼，1997），“蒙特拉贡”型合作社研究（蔡昉，1998）；契约一体化农业经济组织研究（牛若峰，1995）；根据农业经济组织成因的不同可分为主导产业带动型、市场带动型、龙头企业带动型和中介组织带动型四类（牛若峰，1996）；农业经济组织、龙头企业、行业协会与农民利益联结机呈现出多样化发展趋势，主要有五种形式：相对稳定的买卖关系、合同式利益联接、合作式利益联接、企业化利益联接、股份式或股份合作式关系（吴群，2003）。

第三，农业合作经济组织的个案研究。不少学者对典型案例进行了深入调查和理论分析，如对山东莱阳宏达果蔬加工合作社的研究（国鲁来，1999）、对大连黄海渔业总公司的股份合作制的研究，对四川彭县西郊的农村合作基金会的研究，对京郊农村合作组织的研究等（杜吟堂、苑鹏，2000）。

第四，农业合作经济组织化过程中的立法研究。部分学者认为，农民专业合作组织是介于协会与公司之间具有特殊性质的组织，应在此基础上进行立法（潘劲，2000）；但另一部分学者认为农民专业合作组织是一种独特的企业形态，提出应从构造完整的企业法律形态需求的角度出发对合作经济组织进行立法（欧阳仁根，2003）；还有学者认为，对农业合作经济组织的立法应致力于消除农业发展和农民增收过程中因为地位不平等而遭遇的障碍，在此基础上处理好合作经济组织与相关主体的关系（任大鹏等，2004）。

上述研究成果对我国的农业组织化建设具有检验意义和现实指导意义，为本研究的完成提供了理论基础和方法借鉴。但农业组织化是一个不断实践与发展的过程，此外，不同国家和地区在社会、经济、历史、自然等方面存在较大的差别，因此，农业组织化发展必然具有多样化的特点。虽然国外对农业组织化的研究更早，研究成果能较好地分析国外农业组织化过程中的问题，但用来解释和指导中国的农业合作经济组织化建设，显然需要根据中国的现实情况作出相应调整。另一方面，国内对农业组织化的研究主要还集中在理论阐述和现状描述阶段，对其形成动因、作用机理和实践管理的研究相对较少；虽有学者进行了典型案例分析，但主要是个案的研究，较少有对同一农业产业内不同的农业组织模式进行比较分析，特别是对江苏省农业组织化问题进行全面系统的研究仍是空白。为此，本研究将着力于世界银行项目实施过程中推进江苏省农民专业合作组织发展问题，认清江苏省各类农民专业合作组织的组织制度和运行规律，以期弥补以往研究中的不足。

1.3 研究内容

本书以江苏省为例，主要从理论、实证和案例的角度对我国农民专业合作经济组织的运行情况、发展模式、运行绩效、信贷情况等方面进行全面系统的分析，拟回答哪些因素影响农户决策参加农民专业合作经济组织；哪些因素影响农民专业合作经济组织的信贷及经营绩效等问题，主要研究内容如下：

（1）农民专业合作经济组织的概念界定与国外合作组织的相关发展经验。主要包括农民专业合作经济组织的定义、种类，以及组织基本范畴的界定，同时还对国外农民专业合作经济组织的发展经验进行系统的概述。

（2）农户参与农民专业合作经济组织的意愿分析。本部分主要通过对江苏省农户参与农民专业合作经济组织的意愿及其影响因素进行分析，问卷内容涉及户主个人特征、农户家庭特征、农户对农民专业合作经济组织的认知及农户对农民专业合作经济组织的评价等方面。共调查300多户农户，最后回收有效问卷292份。研究对象农户分为两类，即参加农民专业合作经济组织的与未参加农民专业合作经济组织的。在分析过程中，通过Logit模型考察各因素对农户参加合作组织意愿的影响，揭示各因素对农户参与意愿的内在作用机制。

（3）主要针对江苏省世行项目区的农民专业合作经济组织的运行情况进行分析，根据它的分布状况、组织形式、运行状况对组织的发展进行跟踪研究。项目区农民专业合作经济组织按发起人特征可以分为农村能人牵头型、龙头企业带动型和农业服务部门领办型等。通过调查发现，世行项目区农民专业合作经济组织在运行机制、利益联结机制等方面还存在问题，组织建设不完善，融资能力差，利益联结松散等情况较为普遍。农民专业合作经济组织必须从其自身不断寻找原因，加大合作组织的宣传力度，规范其内部管理机制，努力做到“民办、民管、民受益”。

（4）农民专业合作经济组织信贷影响因素分析。本部分主要从农民专业合作经济组织信贷情况入手，以江苏省为例选取有代表性的20个农民专业合作经济组织，调查了2005—2007年3年间的借贷数据和农民专业合作经济组织特征数据，将农民专业合作经济组织信贷分为正规信贷和非正规信贷，由此分离出不同的供给主体对农民专业合作经济组织信贷的不同要求。定性分析主要是对各因素可能的影响进行归纳，并预测可能的影响方向。定量分析是采用Tobit模型来研究农民专业合作经济组织获得借贷的影响因素。

（5）农民专业合作经济组织经营绩效的影响因素分析。本部分以江苏省为例，采用Tobit回归法分析各因素对农民专业合作经济组织经营绩效的影响程度，其中选取的主要影响因素有合作组织主要管理人员的年龄、受教育程度以及组织的规模，其中包括会员数和所辐射的农户数。

（6）农民专业合作经济组织的案例分析。本部分按照行业性质以及发起动因两种不同的分类方式进行分类归纳，总结各种类型组织的特征，分析各种类型组织内在的运行机制、利益联结机制，为江苏省农民专业合作经济组织的发展提供可行性的指导意见。

1.4 研究框架

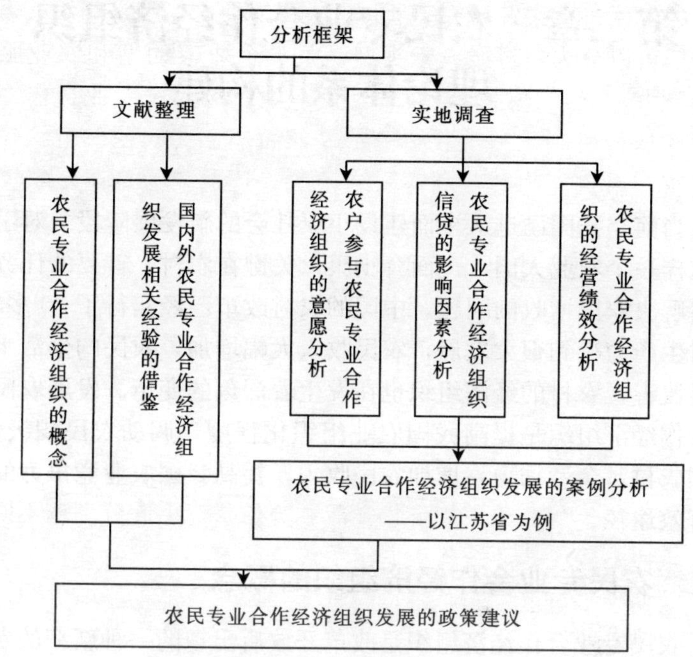

图 1.1 研究框架

第二章　农民专业合作经济组织理论体系的构建

当前，我国已进入全面建设小康社会的新发展阶段。对于我国这样一个农业大国，全面奔小康，关键在农村，首要的任务是切实解决农民增收的问题。中国的农村改革已经实行了30多年，农村生产力得到很大发展，农民收入大幅增加，农民的生活水平明显改善，农村的经济组织也在发生着深刻的变革。发展农民专业合作经济组织是提高我国农业组织化程度，调动农民积极性，转移农村富余劳动力，增加农民收入，提高我国农业竞争力的一条有效途径。

2.1　农民专业合作经济组织的概念

农民专业合作经济组织是改革开放后出现的一种新型的农民合作组织，它仍以家庭承包经营为基础，不改变原有的生产关系，由农民与相关企业、组织和个人，在高度自愿基础上按互利互惠原则联合起来，以农民为主要成员，围绕某个专业或产品组织起来的，在技术、资金、采购、销售、加工、仓储、运输、开发等各环节开展互助合作的经济和技术组织。关于农民专业合作经济组织的概念，有四个关键点：一是强调农民的主体地位。不管农民专业合作经济组织如何组成，农民是这个组织的主体；二是强调农业是主业。农民专业合作经济组织经营的主导产品是农产品及其加工品；三是强调维护农民的经济利益。农民专业合作经济组织的核心任务是在生产、经营过程中，确实反映农民的心声，维护农民的经济利益；四是强调充分自愿的运作原则。农民专业合作经济组织是根据农业生产发展的需要和农民及其合作者的高度自愿原则组成，不掺杂任何其他企图。所以，农民专业合作经济组织是顺应农村改革和发展需要的产物，是农村组织制度的一种创新。农民专业合作经济组织的发展过程，就是农民根据市场经济发展的要求，自觉组织起来，积极参与推进农业产业化经营的过程；是通过农民与相关部门、企业和个人合作的形式，发展农村经济，从而深层次缩小城乡差距的过程。

2.2　国外农民专业合作经济组织发展类型及特点

农民专业合作经济组织在国外历经100多年的发展，因各国的政治、经济、社会文化条件不同，而形成了不同的类型。根据它们的显著特征，可以划分为以下三种类型：

(1) 农民专业合作经济组织。这类合作组织的主要特点是专业性强，即以某一产品或某种功能为对象组成合作组织，如奶牛合作组织、小麦合作组织、渔业合作组织、农机合作组织等。此类合作组织在德国、法国较多。这类合作组织本身就是经济实体，一般规模都较大。

(2) 综合性合作组织。此类合作组织的主要特点是综合性强，在日本、韩国、印度、泰国以及我国台湾所建的合作组织都属于这一类型。综合性合作组织根据农民的需要，开展各种各样的服务，如组织农民从事农产品生产、加工、销售，向农民提供生产资料购买、金融、共济、技术经营指导等产前、产中、产后服务。如日本的全国农业协同组合联合会、农林中央金库、全国信用农业协同组合协会等都属于此类合作组织。

(3) 跨区域合作组织。其主要特点是跨区域合作与联合，以共同销售为主。此类合作组织在美国、加拿大较多。在美国，销售合作组织的历史最长，数量多，经销的农产品几乎覆盖所有的农产品品种。在加拿大，农业销售合作组织是经营最成功的合作组织之一，有 1/3 的农产品是合作组织经营的。

2.3 中国农民专业合作经济组织在新农村建设中的作用

《中共中央关于制定国民经济和社会发展第十一个五年规划的建议》提出了新农村建设的具体要求："生产发展、生活宽裕、乡风文明、村容整洁、管理民主"，而农民专业合作经济组织的健康发展，能够积极推动中国的新农村建设。

2.3.1 农民专业合作经济组织是使农村"生产发展、生活宽裕"的经营体制创新

"生产发展、生活宽裕"是我国社会主义新农村建设在物质文明方面的要求，也是我国"三农"问题的核心。而近年来，传统的一家一户式的小农经营模式难以跟上市场经济快速发展的步伐。农村社会化服务，特别是农产品产后的商业化处理与农业标准化、产业化、国际化的发展要求无法衔接。由于分散的农户生产经营模式难以实现对农产品生产环节的全程控制，导致农产品质量参差不齐，同时农药残留和动物疫病问题也成为我国农产品出口和内销的瓶颈。

面对千千万万分散经营的农户，基层政府难以对农民具体的生产经营活动实施调控和指导，面临着管不了也管不好、农民盲目生产而政府又无能为力的困境，相当一部分村集体已经逐渐退化为主要承担政府下达的各项任务的组织，只具备对社区内部事务进行管理的职能。再者，农民在经营上缺乏必要的组织，传统涉农部门无法提供高质量的服务，甚至无法保证自己的生存。总之，基层政府、村集体，以及涉农部门等都难以独自承担起对农民的生产服务，农户家庭经营缺乏配套的社会化服务体系成为农业经济中的体制性缺陷。

如何解决农业生产中上述一系列矛盾成为亟待解决的问题，农民专业合作经济组织正是在这样的背景下产生的。它是一种把农民组织起来为农民服务，作为大市场、政府、村集体、涉农部门与农民之间的中间组织，能够解决单家独户办不了、村级组织统不了、政府部门包不了的问题；是一种能够构建以农户家庭经营和社会化服务体系相结合为基本框架的农村经营体制。实践证明，农民专业合作经济组织是市场经济体制下发展农村经济必须采取的形式。首先，农民专业合作经济组织可以在产前为农民提供信息咨询、种子种苗引进推广等服务；在产中为农民提供技术指导等服务，确保无公害农产品质量；在产后为农民提供市场销售服务，实现农产品生产、加工和销售的一体化经营。通过统一采购各类生产资料、统一种植、养殖操作规程、统一品牌包装的方式，形成合作经济组织和农户的双层经营新体制，推动农业标准化、国际化，增强农产品的市场竞争力，增加农民收入。其次，通过种养业大户、农技服务组织、农业龙头企业、农技人员和二、三产业经营者等创办合作经济组织，可以提高农民的组织化程度和农业产业化水平，开辟新的就业道路；而且作为政府与农民的桥梁，政府依托合作经济组织这个载体，把农业发展的指导性意见、各种信息、新品种、新技术等传给千家万户，并通过合作经济组织根据企业需求和市场变化进行标准化生产，增强了政府调控农村经济的有效性。

因此，在坚持农村“家庭联产承包责任制”基本制度的前提下，发展农民专业合作经济组织，提高农民的组织化程度，是解决千家万户的小生产与千变万化的大市场的矛盾、促进农业产业化经营的一条行之有效的途径，是我国农村经济走向市场和农民增收不可或缺的基础建设，是探索农村经营体制与机制创新的一种有效形式。

2.3.2 农民专业合作经济组织是实现农村“管理民主”的有效途径

“管理民主”是建设社会主义新农村的政治保证，民主管理不仅可以避免和化解许多矛盾，而且可以保障新农村建设活动健康开展。目前，“管理民主”最主要的就是健全和完善村民自治机制，不断增强农民群众的自我教育、自我管理能力，使广大农民群众真正能够行使民主选举、民主决策、民主管理、民主监督等权力，真正让农民当家作主。但不可否认，在近几年的村民自治实践中，仍然存在许多亟待解决的问题。一方面，部分基层干部对农民的民主权利不够尊重，在实践中不严格按照有关规定和程序办事，不能完全尊重和保障农民的民主权利。另一方面，部分农民自身民主观念不强，参政议政意识差，民主素质跟不上实行民主政治的要求。究其原因，经济民主是政治民主的基础，对自身利益的追求是参与民主政治的直接动力，而农民参与集体事务并不能为自身带来明显的、直接的经济利益。因为目前村委会的活动往往只是协调纠纷和动员村民贯彻上级政策，如缴纳费用、计划生育等，而改善全村整体面貌，或者有利于村民的事务安排比较少。因此，应该探索一种与农民利益关系更直接的经济组织形式来吸引农民参与集体事务。

实践证明，农民专业合作经济组织是实现新农村“管理民主”的有效途径。首先，与村集体相比，农民专业合作经济组织与农民利益息息相关。农民通过社员大会或社员代表大会以及监事会参与合作经济组织的民主管理，从最关系自己切身利益的事情出发，如了解合作经济组织的经营现状、未来发展趋势、利润分配机制，包括合作经济组织的资产、股金分红、按实物量的利润返还、工作人员的报酬等。“合作经济组织的成员参加民主选举、民主决策，共同管理合作组织的事务，合作经济组织与其成员利益共享、风险共担。”这些基本原则和理念不仅有利于促进分散农户之间的联合，还从最初级的形式出发，启发农民参与管理经济生活的民主意识，激发农民参政议政的积极性，培养和提高农民群众在农村事务中的管理与监督能力，进而提高农民的政治素质。其次，在农民专业合作经济组织的建立和发展过程中，一大批能人大户被推向关键岗位，他们积极学习农业技术、研究市场、团结帮助周围群众共同致富，增强了农民运用市场经济规律开展农业生产经营以及带领群众脱贫致富奔小康的能力，提高了农民自我服务、自我管理的水平。再次，随着政府干预微观经济和行政指令的职能逐步退出，客观上要求有中介组织作为媒介和载体，填补和行使政府退出后的部分职能。建立农民专业合作经济组织这一制度创新，为转换基层政府和村民自治组织的职能创造了条件，基层政府的职能在服务农民、服务农业的过程中开始得到转换，由原来的直接管理、行政命令、组织推动转变为政策引导、典型示范、市场服务。

2.3.3　农民专业合作经济组织是建设“乡风文明、村容整洁”的新农村的重要载体

“乡风文明、村容整洁”是建设社会主义新农村的灵魂。乡风文明主要是指农民群众的思想、文化、道德水平不断提高，崇尚文明、崇尚科学、社会风气健康向上，教育、文化、卫生、体育等事业发展逐步适应农民的需求；村容整洁主要是大力改善农村生态环境、基础设施环境和人文环境，提升广大农民群众的生存质量和水平。

几千年来的半封建半殖民地的历史使得中国农村缺乏合作的文化底蕴，农民缺少互助合作的精神，加上人田均分的体制，形成了一家一户式的小农生产传统，大部分农民不具有与现代市场经济相适应的先进观念和意识。但在农村经济不断发展的过程中，一些能人大户、龙头企业面对瞬息万变的市场，扩大生产规模、扩大市场份额受到越来越多的限制，并承担越来越大的风

险，如农产品质量标准、农产品化学药物残留、动物疫病等成为靠其单独力量无法解决的问题，因而迫切需要更多的农民组织起来，以市场需求为导向安排生产，共同抵御市场风险。农民专业合作经济组织的成立，使得这些需要成为现实可能。一方面，通过在合作经济组织内部建立健全农户之间利益共享、风险共担、团结互助的分工合作机制，增强了农民群众团结协作的集体主义观念，增强了农民的竞争意识和发展意识，逐步破除听天由命、小富即安等小农思想，加快了发展的动力；另一方面，农民专业合作经济组织通过实行民主管理，提高了农民的民主意识和法制意识。此外，农民专业合作经济组织是提高农民科学文化素质的重要载体。我国农业和农村现代化的实现取决于农村人口素质的提高，而我国 4 亿多青壮年农民中近 1/4 是文盲和半文盲，文化低、技能差，接受新知识能力弱，不利于科技兴农以及农村剩余劳动力转移的实现。农民专业合作经济组织与科研院所、大专院校挂钩，与科技部门、科技人员加强合作，通过引进、示范、推广新品种，开展技术交流与服务，加强对农民的各类技术培训，及时地将农业新技术传递给农民，加快农技推广的速度，提高农产品的科技含量。

2.4 本章小结

我国的农民专业合作经济组织是以家庭承包经营为基础，以农民为主体，以自愿、互惠互利为原则，围绕某个产品或专业，在产前、产中、产后各环节开展互助合作的经济技术组织。农民专业合作经济组织的产生和发展，对于我国的新农村建设具有重要意义。

首先，政府依托合作经济组织这个载体，把农村发展的指导性意见、各种信息、新品种、新技术等传给千家万户，并通过合作经济组织根据企业需求和市场变化进行标准化生产，增强了政府调控农村经济的有效性。因此，在坚持农村“家庭联产承包责任制”的前提下，发展农民专业合作经济组织，提高农民的组织化程度，是解决千家万户的小生产与千变万化的大市场的矛盾、促进农业产业化经营的一条行之有效的途径，是我国农村经济走向市场和农民增收不可或缺的基础建设，是探索农村经营体制与机制创新的一种有效形式。

其次，农民专业合作经济组织是与农民利益直接相关的一种经济组织，农民从最关系自己切身利益的实情出发，通过社员大会或社员代表大会以及监事会参与合作经济组织的民主管理，能够激发农民参与管理经济生活的民主意识，培养和提高农民的民主管理监督能力。

最后，农民专业合作经济组织是提高农民科学文化素质的重要载体。利益共享、风险共担、团结互助是农民专业合作经济组织的建立原则，有利于增强农民团结协作的集体主义观念，有利于增强农民的竞争和发展意识。合作组织本身通过加强与科研机构的合作，吸收先进科学技术，再通过培训传递给农民，提高农民的科学素质，也在一定程度上提高了农民接受新兴事物的能力。

第三章　农户参与农民专业合作经济组织的意愿分析

由于农户是农民专业合作经济组织的主体，因而了解农户参与农民专业合作经济组织的意愿和行为，对于政府有关部门制定符合农民意愿的政策与措施具有十分重要的意义。本研究共选取15个农民专业合作经济组织，分别在徐州、连云港、宿迁、淮安、盐城5市各选取3个县，每个县选取1个，以此作为研究对象，研究农户参与农民专业合作经济组织的意愿和行为，从而为政府有关部门制定促进和鼓励农户参与农民专业合作经济组织的政策提供实证依据。

3.1　理论假说

农户是理性经济人，在经济活动中总是以追求自身利益最大化为基本目标；对于进入市场方式的选择，农户是在给定的约束条件下对于各种组织与制度成本与收益比较后进行的最优选择。根据已有的研究成果，本研究把影响农户参与农民专业合作经济组织的因素归纳为外部环境和农户自身因素。外部环境因素主要是指市场特征和当地经济环境，农户自身因素主要是指农户户主特征（年龄、性别、文化程度）和农户经营特征（农业收入比重、劳动力负担系数）。本研究对影响农户决策加入农民专业合作经济组织的因素提出以下理论假说：

假说一：户主文化程度和年龄对参与合作经济组织的积极性成正相关关系。

假说二：农户收入中，农业收入比重越大，其参与农民专业合作经济组织的意愿也就越强烈。

假说三：亲戚、朋友中有加入农民专业合作经济组织的，农户倾向于加入农民专业合作经济组织。

假说四：家庭成员中有党员、军人、有进城务工经历的农户倾向于加入农民专业合作经济组织。

3.2 样本描述

3.2.1 农户意愿影响因素

（1）户主年龄与是否加入。

表 3.1　户主年龄结构和参与行为

户主年龄结构		入社	未入社	合计
40 岁以下	农户个数（户）	58	17	75
	所占比例（%）	77.33	22.67	100
40～50 岁	农户个数（户）	83	35	118
	所占比例（%）	70.34	29.66	100
50～60 岁	农户个数（户）	64	16	80
	所占比例（%）	80.00	20.00	100
60 岁以上	农户个数（户）	18	1	19
	所占比例（%）	94.74	5.26	100

从表 3.1 中可以看出，在 292 户农户中，有 223 户加入农民专业合作经济组织，69 户未加入。在加入农民专业合作经济组织的农户中，40～50 岁的户主最多，占加入农民专业合作经济组织总数的 37.21%，其次为 50～60 岁，比例为 28.70%。可以发现，随着年龄的增加，加入农民专业合作经济组织的比例总体呈升高趋势。

（2）农户收入比重与是否加入。

表 3.2 农业收入比重对农户加入农民专业合作经济组织的影响

农业收入比重		入社	未入社	合计
40%以下	农户个数（户）	26	15	41
	所占比例（%）	63.41	36.59	100
40%～60%	农户个数（户）	30	15	45
	所占比例（%）	66.67	33.33	100
60%～80%	农户个数（户）	57	13	70
	所占比例（%）	81.43	18.57	100
80%以上	农户个数（户）	110	26	136
	所占比例（%）	80.88	19.12	100

从表 3.2 中可以看出，在加入农民专业合作经济组织的农户中，农业收入占家庭收入总比重 40%以下为 26 户，农业收入在 40%～60%之间为 30 户，60%～80%之间为 57 户，80%以上为 110 户。说明农业收入占家庭收入比重越高，农民加入农民专业合作经济组织的需求相对越高。同时，随着农业收入占家庭收入比重的增加，农户加入农民专业合作经济组织的比例总体也逐步上升，而农业收入比重在 80%以上的农户加入农民专业合作经济组织的比例略有下降。究其原因，除种、养殖大户外，农业收入占家庭收入比重高的农户正是由于本身观念、技术落后，造成就业渠道窄，其他收入来源少，这部分人群吸收新鲜事物能力相对较差，更有可能不参加农民专业合作经济组织。

(3) 农户希望农民专业合作经济组织发挥的作用。

表 3.3 农民专业合作经济组织应发挥的作用

	提供技术培训、指导	提供种子、化肥等生产资料	把大家组织起来，更好的融入市场	没有必要发展合作经济组织
加入	83.41%	76.23%	81.61%	2.24%
未加入	78.26%	49.28%	72.46%	4.35%
合计	82.19%	69.86%	79.45%	2.74%

从表 3.3 中可以看出，在加入农民专业合作经济组织的农户中，83.41%认为农民专业合作经济组织应该提供技术培训，81.61%认为农民专业合作经济组织应该把大家组织起来更好的融入市场。在未加入农民专业合作经济组织的农户中，78.26%认为农民专业合作经济组织应该提供技术培训，72.46%认为农民专业合作经济组织应该把大家组织起来，更好的融入市场。相对于农民专业合作经济组织的其他作用来说，大家对提供技术培训指导和组织农户融入市场的期待更高，因此这也是农民专业合作经济组织发展过程中需要充分重视的方向。

3.2.2 农户对农民专业合作经济组织的评价

（1）加入农户对农民专业合作经济组织的评价。在所调查的农民专业合作经济组织中，最早的成立于 1998 年，最晚的成立于 2005 年，大部分农户在 2001 年以后加入农民专业合作经济组织，可见农民专业合作经济组织在苏北地区发展时间尚短。对于加入农民专业合作经济组织的主要原因（问卷调查中此项为多选），有利于增加收入成为首要因素，占比 61.43%，可见提高收入是农民加入专业合作经济组织的最大动力；其次是加入农民专业合作经济组织能为生产销售提供良好的服务，占比 22.42%；第三位因素是周围有人带动而加入农民专业合作经济组织，占比 14.80%。

表 3.4 对农民专业合作经济组织服务的满意程度

服务内容	非常不满意	不满意	一般	满意	非常满意	均值
生产技术培训	0.47%	1.87%	4.21%	15.89%	77.57%	4.68
提供种苗	1.49%	2.97%	19.31%	25.25%	50.99%	4.21
统一供应农药、化肥	6.35%	7.41%	26.46%	26.98%	32.80%	3.72
统一产品品牌	3.11%	8.81%	19.69%	21.76%	46.63%	4.00
统一收购	3.43%	6.86%	10.78%	20.10%	58.82%	4.24

（续）

服务内容	非常不满意	不满意	一般	满意	非常满意	均值
统一运输销售	5.15%	7.73%	10.82%	19.59%	56.70%	4.15
统一对外签订合同	5.67%	5.67%	12.89%	30.93%	44.85%	4.04
灾害和困难时提供帮助	0.96%	2.40%	10.58%	19.23%	66.83%	4.49
整体服务	0.45%	0.45%	4.48%	41.70%	52.92%	4.46

从表3.4可以看出，农民对农民专业合作经济组织整体服务平均满意度为4.46（非常满意5分，满意4分，一般3分，不满意2分，很不满意1分），对其他各项服务的满意程度也较高，农民专业合作经济组织得到了农民的普遍认可。

（2）未加入农民专业合作经济组织的原因。在未加入农民专业合作经济组织的69户中，33.33%因为周围无人组织建立农民专业合作经济组织，37.68%因为自家土地不在征用范围内而没加入，10.14%认为加入农民专业合作经济组织并不能改变现状，20.29%认为已有的农民专业合作经济组织并没有发挥多少作用，另外20.29%不了解农民专业合作经济组织（问卷调查中此项为多选）。可见，仍有相当部分比例的农户具有参加农民专业合作经济组织的意愿。通过宣传农民专业合作经济组织的职能，完善农民专业合作经济组织的服务，提高农民专业合作经济组织的运行效率，势必会使更多的农户受益。

3.3 数据与方法

本研究分别在苏北五市，即徐州、连云港、宿迁、淮安、盐城，每个市选取3个县，每个县选取一个农民专业合作经济组织，共计15个，作为调查对象。调查时间为2007年1月，调查问卷内容涉及户主个人特征、农户家庭特征、农户对农民专业合作经济组织的认知及农户对农民专业合作经济组织的评价等方面。共调查300多户农户，最后回收有效问卷292份。

研究以农户参与农民专业合作经济组织的意愿作为被解释变量，选取户主的年龄、性别、文化程度、农业收入占总收入的比重、家庭成员是否有党员、是否有参军外出打工经历、是否有亲友加入农民专业合作经济组织等作为解释变量，采用Logit模型，将因变量的取值范围限制在［0，1］的范围内。将“参加农民专业合作经济组织”定义为Y=1，“未参加农民专业合作经济组织”定义为Y=0。Logit模型的一般形式为：

$$P_i = F(\alpha + \sum_{i=1}^{\infty}\beta_j X_{ij}) = 1/\{1 + \exp[-\alpha - \sum_{j=1}^{\infty}\beta_j X_{ij}]\}$$

变量的统计性描述见表3.5：

表3.5　模型变量与统计描述

变量名称	变量定义	平均值	最大值	最小值	标准差
户主年龄X1	户主年龄（年）	45.65	69	27	8.61
性别D1	1=男，0=女	—	—	—	—
受教育年限X2	户主上学年数（年）	8.77	15	0	2.55
劳动力负担系数X3	家庭总人口/家庭劳动力人口	1.77	5	1	0.57
农业收入比重X4	农业总收入/家庭总收入	66.63	100	1	24.32
家中有无党员D2	1=有，0=无	—	—	—	—
家中有无人参军或外出打工D3	1=有，0=无	—	—	—	—
有无亲朋好友加入农民专业合作经济组织D4	1=有，0=无	—	—	—	—

3.4　实证结果及分析

（1）从模型结果来看，户主年龄对农户加入农民专业合作经济组织的意愿具有正向影响。随着年龄的增大，自身精力和体力受到限制，农业生产和销售过程中面临更多的困难，非农就业的可能降低，使其倾向于得到农民专业合作经济组织的帮助。户主的文化程度是影响农户参与农民专业合作经济组织的重要因素之一。农户的受教育年限越高，其文化素质和认知能力越高，对农民专业合作经济组织的认识和理解则越好，加入农民专业合作经济组织的意愿也就相对越强。这个结果验证了假说一。

(2) 户主的性别对农户加入农民专业合作经济组织的意愿的影响不显著。随着人们思想观念的转变，农村中女性的地位越来越高、受教育程度也与男性相当，农村家庭趋向民主化，改变了男性当家作主的传统。所以户主的性别对其加入农民专业合作经济组织的意愿不具有显著影响。

(3) 农业收入比重对农户加入农民专业合作经济组织具有显著的正向影响，验证了假说二。农业收入比重越高，对农业收入的依赖性越强，在农业生产经营过程中，自然、市场、技术、政策等各方面引发的风险对其生活造成的影响越大，这部分农民更倾向于选择参加农民专业合作经济组织抵御风险，增加收益。

(4) 劳动力负担系数对农户加入农民专业合作经济组织具有显著的正向影响。劳动力负担系数越大，说明家庭的劳动力负担越大，越是需要寻求途径减轻家庭负担，那么加入农民专业合作经济组织的可能性越大，检验结果显著。

(5) 有亲戚朋友加入农民专业合作经济组织的，会增强农户的加入意愿，模型结果显著，验证了假说三。因为目前我国农民的行为仍然容易受周围人影响，行为具有“羊群效应”，即很强的趋同性，这也是由农户对农民专业合作经济组织能否真正发挥作用抱有疑虑造成的。

(6) 家中是否有党员和农户的加入意愿关系不显著。在加入农民专业合作经济组织的农户中，62%的户主是党员，而在未加入农民专业合作经济组织的农户中，55%的户主是党员。两者比例都较高，但入社农户中党员比例相对更高，可见党员在农户入社决策上起了一定的正面作用。

（7）家中是否有人参军或外出打工与农户的加入意愿关系不显著，且符号为负，与假说四产生了矛盾。这可能是因为有参军或外出打工经历的人，对市场环境下的经济规律较其他农民理解更为深刻，则有可能把资金和劳动力从高风险、低收益的农业生产中转而投向效益更高的非农领域，因此无需加入农民专业合作经济组织抵御风险，增加收益。

表 3.6　模型估计结果

变量名	系数	标准误差	Z统计量	概率值
常数项 C	−4.782 275	1.411 534	−3.387 999	0.000 7
年龄 X1	0.035 743	0.018 735	1.907 802	0.056 4
受教育年限 X2	0.117 641	0.060 828	1.933 988	0.053 1
劳动力负担系数 X3	0.870 708	0.352 476	2.470 259	0.013 5
农业收入比重 X4	0.013 133	0.006 512	2.016 635	0.043 7
性别 D1	0.226 473	0.378 543	0.598 275	0.549 7
家中有无党员 D2	0.176 648	0.313 892	0.562 769	0.573 6
家中有无人参军或外出打工 D3	−0.024 802	0.309 435	−0.080 152	0.936 1
有无亲朋好友加入农民专业合作经济组织 D4	1.341 378	0.316 165	4.242 654	0.000 0
应变量均值	0.763 699		应变量标准差	0.425 539
回归方程标准差	0.402 234		赤池信息准则	1.018 470
残差平方和	45.787 15		施瓦兹信息准则	1.131 795
对数似然函数的最大值	−139.696 6		汉娜信息准则	1.063 863
除常数以外所有系数被限制为 0 时的极大似然函数	−159.659 5		对数似然函数的平均值	−0.478 413
LR 统计量（8 df）	39.925 65		似然比率指标	0.125 034
LR 统计检验量的概率值	3.31E-06		—	—
Dep=0 的样本	69		总样本	292
Dep=1 的样本	223		—	—

3.5 本章小结

实证分析结果表明，户主文化程度、户主年龄、农户农业收入比重、劳动力负担系数以及有无亲友加入农民专业合作经济组织显著得影响农户参加农民专业合作经济组织的意愿，假说一、二、三均得以验证。基于上述分析，提出如下几点政策建议：

第一，农户参与农民专业合作经济组织的行为受到农户自身因素和外部条件的共同影响，有其发展的内在规律性。各级政府在制定发展农民专业合作经济组织的政策时，应该综合考虑各地的经济状况，尊重农民自己的意愿和选择，不能强求一律，而应因地制宜地引导农户发展农民专业合作经济组织。

第二，在推动农民专业合作经济组织发展的过程中，应重视农村人力资本的建设。研究结果表明，农户户主的文化程度是影响农户参与农民专业合作经济组织的重要因素。这就要求政府增加对农民的教育投资，进一步提高农民的文化程度和组织经营能力，普及农民专业合作经济组织知识，培养他们的合作意识，从而促进农民专业合作经济组织的发展。

第三，农民专业合作经济组织的发展具有很强的正外部性，有利于农民收入的提高、农业的产业化发展。农民专业合作经济组织的建立本身又可以减少农产品买方垄断市场下的效率损失，政府应给予农民专业合作经济组织税收优惠、政策性贷款、扶持基金等各种形式的帮助。

第四，从对未参加农民专业合作经济组织的农户的调查中可知，大部分农户仍有入社的意愿，但由于周围没有农民专业合作经济组织，或者自家土地不在农民专业合作经济组织的征用范围内，以及对农民专业合作经济组织的不了解而未加入。所以通过宣传农民专业合作经济组织的职能，完善农民专业合作经济组织的服务，提高农民专业合作经济组织的运行效率，农民专业合作经济组织势必会得到更好的发展，使得更多的农户受益。

第四章 江苏省世行项目区农民专业合作经济组织的运行状况分析

江苏省世界银行三期项目在苏北5个地市共选择43个农民专业合作经济组织数量进行扶持建设，其中，徐州市19个、淮安市6个、盐城市9个、连云港市3个、宿迁市6个。本研究按照人均国民生产总值、已成立农民专业合作经济组织发展情况和外部环境等，从每个地市中各选3个，共计15个具有代表性的农民专业合作经济组织作为调查对象，考察农民专业合作经济组织的总体发展情况。

4.1 世行项目区农民专业合作经济组织的分布状况

4.1.1 从名称上看，世行项目区农民专业合作经济组织的性质定位较为模糊

农民专业合作经济组织实际中的称谓主要是专业协会和专业合作社两种。世界银行在苏北计划扶持的农民专业合作经济组织中，从名称上所区分的专业协会和专业合作社的数量比例是8∶1，只有3家合作社，专业协会的数量占绝对优势。调查中我们发现，一些专业协会已更名为专业合作社，如淮安市金湖县闵桥镇荷藕种植协会更名为淮安市金湖荷花荡荷藕种植专业合作社，所以，在调查中合作社的数量有所增加（见表4.1）。

表 4.1　专业协会和专业合作社的数量对比

单位：个

名　　称	世界银行计划扶持农民专业合作经济组织	被调查的农民专业合作经济组织
专业协会	24	11
专业合作社	3	4
总数	27	15

资料来源：调查资料整理。

从以往研究来看，不同的称谓代表了不同性质的组织形态和功能。专业协会主要是围绕某个产品的生产与经营，或与之相关的服务性活动，由从事专业生产的农民联合组建的互惠互助、不以盈利为主要目的的民间社会团体。一般在所在县民政部门注册，属于社团法人。这类组织财产关系比较松散，其有效运作依靠成员间共同的意识形态、文化习俗以及利益关系。而专业合作社主要是指从事专业生产的农民为解决某种农产品专业化生产中购销、加工等方面的问题而自愿合作、投资入股成立的自我经营、自我管理、自我发展的经济组织。一般在所在县工商部门注册，属于企业法人。这类组织内部联系较为紧密，有较规范的组织管理机构，管理民主。合作社以服务社员为最大目标，对外追求盈利；利益分配采取按社员与合作社的交易量返还利润和按股分红的形式，但按股分红居于次要地位。

但在调查中发现，这两种农民专业合作经济组织的边界并不清晰，业务上两者互有交叉，如部分非盈利的专业协会像专业合作社一样对外开展盈利活动，对非会员提供和会员同样的技术服务，收取更高的服务费用；两种组织成员利益联结方式也存在重叠部分，如部分合作社只具有协会的性质，对社员只提供技术销售信息服务，经营是各社员独立进行，没有利润分配。

另外，专业协会更名为专业合作社，从理论上分析应该更有利于农民专业合作经济组织的发展，因为合作组织是由松散的民间非盈利社会团体性质转变为利益联结更为紧密的对外盈利的企业法人组织。与此相对应，登记注册部门应由民政部门改变为工商部门。但调查中发现，这种转变只是名称发生变化，并没有涉及到实质，因为没有一家合作社在工商部门注册登记（见表 4.2）。以上情况说明，农民专业合作经济组织的发展还有待于进一步规范化、制度化。

表 4.2　专业协会和专业合作社的注册部门

单位：个

被调查的农民专业合作经济组织	所在县民政局	所在县农工部	所在县工商局
专业协会	11	0	0
专业合作社	2	2	0

资料来源：调查资料整理。

4.1.2　从行业上看，农民专业合作经济组织行业分布较为集中

据对 15 家农民专业合作经济组织的调查结果（见表 4.3），苏北农民专业合作经济组织在农产品种植业分布最多，主要围绕市场化、专业化程度较高的蔬菜、水果、花卉、药材等产品生产，开展技术、信息服务和农资供应、产品销售等经营服务活动。在 15 家农民专业合作经济组织中，从事种植业的有 11 家，占 73.3％，专业从事农产品加工和营销的各有 2 家，各占总数的 13.3％。此外，在农民专业合作经济组织的规模方面，种植业类的合作经济组织规模最大，成员平均数量远远高于其他类别的专业合作经济组织。

表 4.3 农民专业合作经济组织的行业分布和规模

行 业	农民专业合作经济组织数量（个）	平均成员数量（人）
种植业	11	791
养殖业	0	0
加工业	2	184
营销业	2	682
总计	15	689

资料来源：调查资料整理。

4.1.3 从地理上看，农民专业合作经济组织对外交通较为便利

农民专业合作经济组织大多建立在农产品专业生产区域的村，或者是镇政府所在地，所以距离省市的交通干线都较近，多数合作组织距离交通干线不到 10 千米，一般是 5 千米以下，距离大于 10 千米的仅占很少比例（见图 4.1）。由于许多农民专业合作经济组织成立之初就是为了解决农产品销售难的问题，所以把合作组织建立在交通干线旁边，以利于产品的运输和销售，同时也有利于加强农民专业合作经济组织与外界的联系，加强与外部市场的及时信息传递。

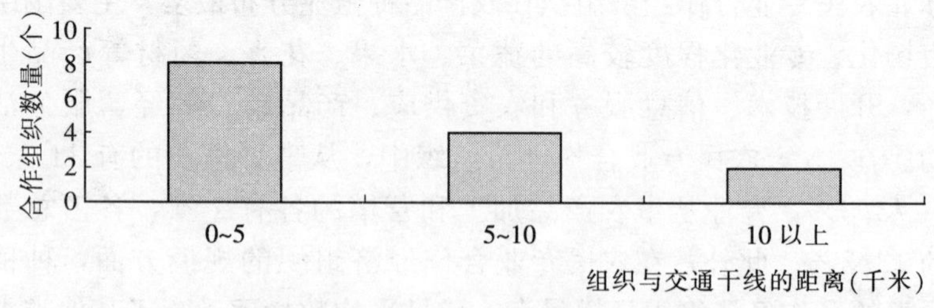

图 4.1 农民专业合作经济组织的交通便利程度

4.2　世行项目区农民专业合作经济组织的组织形式

苏北农民专业合作经济组织呈现出多种组织形式竞相发展的局面，按照推动组织创新主体即发起人或单位的不同，农民专业合作经济组织可以分为农村能人牵头型、龙头企业带动型、政府职能部门领办型3种。其中，农村能人牵头型合作组织又分为村干部牵头型和专业大户牵头型2种（见表4.4）。

表4.4　被调查的农民专业合作经济组织类型及名称

组织类型		组织名称
农村能人牵头型	村干部牵头型	淮安市涟水县马老粮食加工协会、宿迁市泗洪县刘德蔬菜协会
	专业大户牵头型	徐州市贾汪区耿集农产品营销协会、淮安市金湖县荷花荡荷藕种植专业合作社、连云港市赣榆县沙河蔬菜协会、连云港市东海县黄川草莓生产合作社
龙头企业带动型		连云港市灌云县德丰棉业协会、宿迁市泗阳县王集食用菌生产合作社、淮安市淮阴凌桥米业协会、盐城市滨海县正红镇草柳编织协会、盐城市射阳县洋马镇中药材协会
农业服务部门领办型		宿迁市沭阳县庙头镇花木协会、徐州市丰县兴农蔬菜协会、新沂市四季青农产品营销合作社、盐城市射阳县省属临海农场啤麦协会

4.2.1　农村能人牵头型

农村能人牵头型专业合作经济组织是为了解决生产规模扩大所带来的生产资料购销和产品销售的困难，由专业生产同种农产品的农民在从事生产或运销的农村能人的牵头下建立的。这类能人包括村干部和专业大户，他们懂技术，会管理，有丰富的种养经验或经营渠道，在农村有较高的声望，在农民专业合作经济组织中具有举足轻重的作用。在被调查的 15 家农民专业合作经济组织中，农村能人牵头型的合作组织有 6 家，其中村干部牵头型有 2 家，专业大户牵头型有 4 家。

村干部牵头型农民专业合作经济组织是为适应本村专业生产某种农产品的农民的要求而建立的。当专业生产的农产品产量达到一定规模时，大部分农民希望联合起来销售农产品以便扩大收益、抵御市场风险。而村干部是一村的政治代表，在当地农民中具有一定的威望，他们更易带领农民，组织农业生产和销售，成为农民专业合作经济组织的领头人。淮安市涟水县马老粮食加工协会和宿迁市泗洪县刘德蔬菜协会都是由村干部依托村社区发起建立的农民专业合作经济组织，由村民委员会主任兼任会长，吸收本村种植小麦或蔬菜的村民为会员，在整合村组织的资源的基础上开展技术交流或农产品购销活动，经济活动的地域特征明显。

专业大户由于生产经营规模大，其收益受市场、风险的影响较普通农民更大。较之于单独经营，农民专业合作经济组织有助于降低市场风险、节省交易成本。因此，受制于气候等自然因素影响，面对激烈的市场竞争，专业大户为了抵御市场风险，扩大市场占有额，对于联合其他农户建立农民专业合作经济组织的需求比普通农民更为强烈，同时由于专业大户形成了一定的规模优势，而成为协会的最大受益者。徐州市贾汪区耿集农产品营销协会、淮安市金湖荷花荡荷藕种植专业合作社、连云港市赣榆县沙河蔬菜协会及东海县黄川草莓生产合作社均属于此类专业合作经济组织，其会长或理事长均由本乡镇区域内的专业大户担任；其中，东海县黄川草莓生产合作社的成员以本村农民为主，同时联合乡镇区域内周围村的农民，而其他 3 家协会会员以乡镇区域内的农民为主，同时还吸收了部分外乡镇从事相同农产品生产的农民成员，辐射范围更广。

4.2.2　龙头企业带动型

我国农业产业化经营中龙头企业和农户的关系极不稳定。受制于传统的一家一户式小农生产经营模式，企业的先进生产技术难以大面积推广，生产标准也难以被农户严格执行，从而造成产品质量无法保证。此外，市场行情好时，农户可以违约以获得短期利益，行情差时则要求企业收购。因此，面对数量众多的分散经营的农户，农业龙头企业组织货源时即使付出大量的时间、人力、财力等成本，仍然难以保证与农户之间合同的正常履行。企业与农户这种短期的、不稳定的联结方式成为龙头企业扩大生产规模、提高产品竞争力、扩大市场份额的严重障碍。龙头企业带动型专业合作经济组织正是为解决这些问题而产生的，一方面它能够保证企业货源，另一方面也是对农户受益的保障。

被调查对象中，共有 5 家龙头企业带动型的农民专业合作经济组织，分别是连云港市灌云县德丰棉业协会、宿迁市泗阳县王集食用菌生产合作社、淮安市淮阴凌桥米业协会、盐城市滨海县正红镇草柳编织协会、盐城市射阳县洋马镇中药材协会。

4.2.3　农业服务部门领办型

政府农业服务部门，主要是县乡两级的农业技术推广站（中心）、农机站、种子站等，是政府进行农业技术服务的载体，无偿或以微利向农民提供服务。在市场经济条件下，这些农业服务部门难以向众多分散的农户提供各种专业化生产所需的新技术、新信息等服务，同时由于厌恶风险，单独的农户又不愿投入较高的成本采用新技术，因此客观需要一个平台促成两者结合，农业服务部门领办型专业合作经济组由此产生。

政府农业服务部门发动农民组建农民专业合作经济组织，可以发挥自身在信息、技术、经营场所、组织管理等方面的优势，既为农户提供优质服务，同时可以取得一定的经济收入，促进自身的发展。政府农业服务部门的官员在这类农民专业合作经济组织理事会中占有一定比重，如宿迁市沭阳县庙头镇花木协会的会长同时也是庙头镇农业技术推广中心的主任。协会的主要作用就是为农户提供花木种植的新技术，2006 年协会引进了容器苗生产技术，准备在当地试用成功后向协会成员推广。协会成立 4 年来，促进了当地花木经济的发展，辐射带动了 3 000 多户农户。另外，徐州市丰县兴农蔬菜协会和徐州市新沂市四季青农产品营销合作社，以及盐城市射阳县省属临海农场啤麦协会都是在当地政府农业服务部门的引导下兴办的。

4.3 世行项目区农民专业合作经济组织的运行机制

4.3.1 资金来源

农民专业合作经济组织发展的资金来源主要包括自有资金和外援资金。自有资金来自于组织内部成员的投资和组织自身的资本积累，外援资金则是由政府部门对合作经济组织的拨款和银行贷款等形成（见图 4.2）。

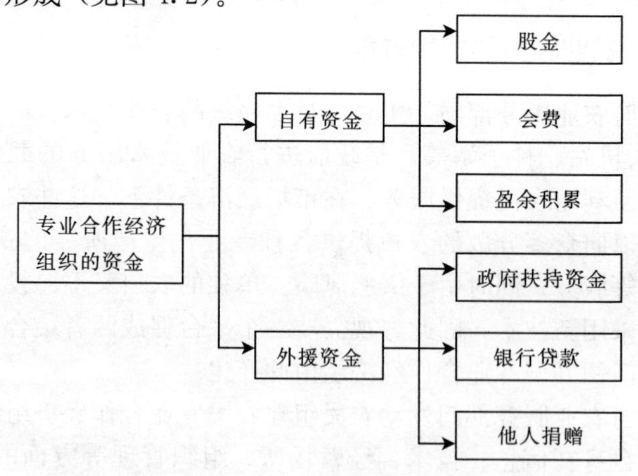

图 4.2 农民专业合作经济组织的资金来源途径

（1）自有资金。农民专业合作经济组织是由成员共同投资成立的，在其成立初期开展经济活动所需资金主要依赖于自有资金，主要是入会成员所缴纳的股金和会费。其中，股金是自有资金的主要来源。从调查结果来看，不同的合作经济组织对成员需缴纳股金的额度、数量以及缴纳方式都有不同的要求（见表4.5）。

表4.5　农民专业合作经济组织股金额度及缴纳方式

合作组织类型	股金额度	股金缴纳方式
农村能人牵头型	数十元到几百元	现金
龙头企业带动型	数百元到上千元	现金和实物
农业服务部门领办型	10元到100元	现金和实物

资料来源：调查资料整理。

部分农村能人牵头型和农业服务部门领办型农民专业合作经济组织都要求加入的成员至少缴纳一股股金作为身份股，但股金的额度及数量上差别较大。农村能人牵头型合作经济组织股金相对较高，从数十元到几百元不等，并且限制最高股金数量，一般不高于股金总数的20%。而农业服务部门领办型合作经济组织需缴纳的股金额度在10～100元之间，没有股金数量限制。存在这种差异的原因是农村能人牵头型的合作经济组织股金主要依赖成员投入，而成员局限于本村或本镇区域内，因此只能对其收取较高的股金额度，以扩大合作经济组织的资本总量，同时，最高股金数量的限制也保证了村民权益的相对公平。政府农业服务部门降低进入合作组织的门槛，则是为了在较广范围内吸收农民入社，以便在较短时间内壮大合作经济组织的规模，整合当地优势农产品生产资源。另外，在股金的缴纳方式上，农村能人牵头型的农民专业合作经济组织以现金为主，而农业服务部门领办型农民专业合作经济组织则由现金和实物两部分构成。

龙头企业带动型的农民专业合作经济组织对成员认购股金遵

循自愿原则，对股金数量没有限制，但股金额度较高，每股股金从数百元到上千元不等，这在一定程度上限制了成员认购股金的行为。在股金缴纳方式上，由于龙头企业以厂房、机器设备等固定资产折价入股，所以在合作经济组织股金构成中实物股占有相当大的比重。

会费是农民专业合作经济组织自有资金的另一条重要来源。被调查对象中，专业合作社基本不收取会费，专业协会则每年收取一次，每次一般为10～100元，部分协会规定会费可以从股金分红中扣除。

（2）外援资金。外援资金是各级政府给予的扶持资金或有关政府部门的拨款、银行贷款以及从其他企业或个人得到的赞助或捐赠。政府扶持资金是外援资金最主要的渠道。农民专业合作经济组织明确规定所得到的政府扶持资金或拨款属于全体成员所有，这部分资金不能用于成员收益资金分配，而且在合作经济组织解散清算时要将这部分资金提出。2006年，被调查的15家农民专业合作经济组织中有8家得到了政府资金扶持，扶持资金最高金额为43万元，最低金额为3万元，这8家农民专业合作经济组织平均得到扶持资金16.4万元；其中有3家合作经济组织由于成立不久，全年筹借的资金完全来自于政府扶持。对于成立时间较短的农民专业合作经济组织，争取政府的扶持援助是必要的，但不能过分依赖于政府支持，否则自身的可持续发展将受到极大限制。

银行贷款本应是农民专业合作经济组织重要的资金筹集渠道，但由于大部分农民专业合作经济组织是利益结构松散的专业协会，几乎没有可用于抵押的资产，因此实际通过银行贷款筹资的组织很少。被调查对象中，仅有3家专业合作经济组织于2006年获得贷款，金额分别为5万、25万和30万，银行向其提供贷款是因为有其成员企业或下属企业的资产作为担保。

4.3.2　组织管理机制

（1）成员的资格认定和地域范围。农民专业合作经济组织对于社员的资格认定要求各不相同。有4家被调查合作经济组织对成员的资格认定比较宽泛，只需本人的生产经营内容与合作经济组织一致，提出申请，愿意正常缴纳会费即可以加入合作经济组织，大部分合作经济组织需要本人提出申请、同时有人介绍并经理事会批准才能加入。要求严格的合作经济组织还对社员从事专业生产的规模做了最低限定，只有达到种植面积、经营销售、户口和专业技能等各方面要求的才能接纳为社员，如淮安市金湖荷花荡荷藕种植专业合作社，要求入社社员种植荷藕的面积不少于20亩①或从事荷藕营销三年以上的工作等。

被调查对象中，成员仅限于本乡镇区域的合作经济组织只有4家，其中限于本村的有2家，这4家都属于农村能人牵头型专业合作经济组织，辐射范围最小；以本县农民为主要成员，同时跨县联合的合作经济组织共3家，都属于农业部门领办型专业合作经济组织，辐射范围最广；以当地乡镇农民为主要成员，同时跨乡镇联合的合作经济组织数量最多，共8家，超过了总数的1/2。

表4.6　不同形式的农民专业合作经济组织成员来源及平均数量

组织形式		成员主要来源	平均成员数量（户）
农村能人牵头型	村干部牵头型	本村社区	130
	专业大户牵头型	本村或本乡镇	688
龙头企业带动型		本乡镇区域	851
农业部门领办型		本县区域	763

资料来源：调查资料整理。

① 15亩＝1公顷，下同。

表4.6中可以看出，农村能人牵头型专业合作经济组织发展的地域范围较小，这主要是因为村干部或专业大户仅在当地具有一定影响；农业服务部门领办型专业合作经济组织发展的地域范围最广，一方面是由于县乡两级政府农业服务部门本身业务覆盖的范围较大，另一方面是因为其向会员收取的股金较少，会员进入的门槛低；尽管龙头企业带动型专业合作经济组织发展的地域范围不大，但其带动的会员数量却最多，可见这种类型的专业合作经济组织影响较大，更能带动当地农业发展。总体来看，大部分合作经济组织都在县域内利用自身优势整合资源，并逐步向更大的范围发展。

（2）组织机构。在农民专业合作经济组织章程中，一般都规定会员大会或成员代表大会是合作组织的最高权力机构，见图4.3。

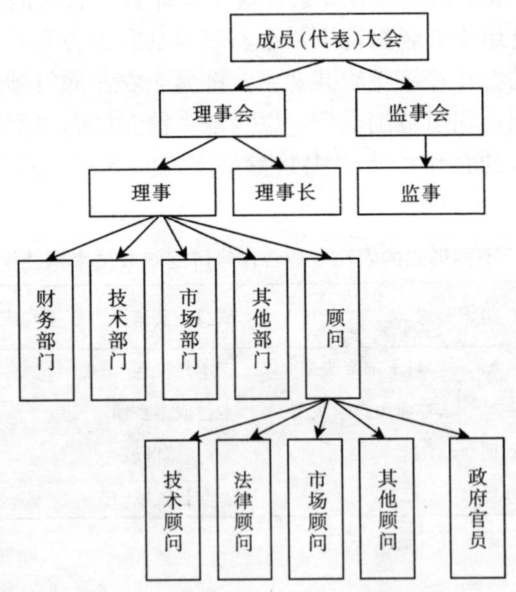

图4.3　农民专业合作经济组织的组织机构

成员大会选举产生理事会，作为合作组织的执行机构。在农村能人带动型的合作组织中，理事会成员一般是村干部或专业大户以及入股较多的成员。而在龙头企业带动型和农业服务部门领办型的合作组织中，有相当数量的企业管理人员和政府农业服务部门人员当选为理事。

理事长或会长是农民专业合作经济组织的法人代表。理事长一般由社员代表大会或理事会以一人一票的方式选举产生。在所调查的 4 家专业大户牵头型和 5 家龙头企业带动型的合作组织中，理事长均由持股比例最大的专业大户或企业负责人担任，因为专业大户或龙头企业的股金占有相当大的比重。在其他 6 家合作组织中，村长和农技部门负责人由于具有特殊的资源优势而成为理事长，如淮安市涟水县马老粮食加工协会章程限定会员均为马老村的村组干部。

除了宿迁市泗洪县刘德蔬菜协会外，其他合作组织的章程中没有关于设立监事会的规定。但有 9 家合作组织的理事长表示，在他们的机构设置中有监事会。出现这种情况是因为在合作组织成立时没有设立监事会，筹备委员会按社团法人的性质制定章程，政府民政部门审核专业协会章程时也主要关注会员大会和理事会的设置。随着合作组织规模的扩大，其内部机构不断完善，作为合作组织监督机构的监事会开始成立，但没有写进合作组织章程，如淮安市淮阴凌桥米业协会的监事会于合作社成立两年后成立。另外一些成员数量少，业务规模较小的 6 家合作组织成立至今还未设立监事会，如成员只有 20 人的淮安市涟水县马老粮食加工协会和 79 人的宿迁市沭阳县庙头镇花木协会等。

农民专业合作经济组织的日常经营管理一般由理事会负责，下设财务、技术、市场等各个管理部门，由各理事分别负责，同时聘请有关专家参与管理。据调查，拥有技术顾问、法律顾问的合作组织数量最多，分别达到 9 家和 8 家，专家主要是解决农户会员在生产经营上最为关心的生产技术及合同纠纷问题，同时对合作组织的规范发展提出建议；其次，政府官员以及市场顾问等在合作组织中也扮演着重要角色，为合作组织加强政府的政策指导，提高应对市场风险的能力，营造良好的外部环境。

(3) 决策方式。农民专业合作经济组织是农民共同管理，以实现每位成员的利益最大化为目标的组织，成员是否有机会参与管理以及参与管理的方式决定了他们所能得到的利益大小。在农民专业合作经济组织章程中，都明确规定社员大会或社员代表大会是实现成员民主管理的最高权力机构。大会的召开时间以及表决方式反映了合作组织成员行使民主权力的机会程度。

所调查的15家农民专业合作经济组织中，除了射阳县省属临海农场啤麦协会没有社员大会（理事会是最高权力机构）外，东海县黄川草莓生产合作社、宿迁市泗洪县刘德蔬菜协会和盐城市滨海县正红镇草柳编织协会的章程规定每年召开1～3次会员大会，其他农民专业合作经济组织社员大会召开的时间间隔为3年或4年。较长的召开社员大会的间隔时间使得成员直接参与管理合作组织重大事务的机会很少，往往由理事长决定，成员的民主权力得不到有效保障。

“一人一票”的决议表决方式是经典合作组织的一贯原则，保证了合作组织成员民主权力的实现，多数被调查的合作组织章程中明确了这一原则。在实际执行中，存在着向“一股一票”发展的趋势。除了5家农民专业合作经济组织的理事长表示完全按“一人一票”原则执行外，更多的合作组织则是按股东一人一票或一股一票进行的，这些组织主要是龙头企业带动型或农业服务部门领办型，依赖于雄厚的资金实力和政府权威决策。“一人一票”强调社员收益最大化原则，而“一股一票”则强调资本收益最大化原则。农民专业合作经济组织发展中普遍存在的资金约束使其背离了“一人一票”原则，更多地采用股份的方式融资，鼓励社员入股，资本的权力得以扩大，在此基础上产生了按股分红等制度安排。

4.3.3 利益分配机制

（1）经营服务方式。分散生产的农户要获得最大收益，必须从生产资料的购买、生产技术的更新、农产品的加工销售以及各种有效信息的获取等方面采取措施以降低生产成本和交易成本，农民专业合作经济组织正适应其要求，其主要职能即在农业生产的产前、产中、产后为成员提供技术、购销、加工、储运、信息等方面的服务。

调查中发现，农民成立农民专业合作经济组织的最初目的是解决在生产技术、农产品销售中的问题，通过农民合作的规模效应提高自身的谈判议价能力，降低使用新技术的成本并获取技术扩散带来的边际收益以及提高产品的统一销售价格进而增加总收益。而许多农民专业合作经济组织由于刚成立不久，为农户提供服务的水平较低，各种综合型的服务仍有待于进一步发展完善。

由表 4.7 中可见，农民专业合作经济组织主要向成员提供农业技术服务，其次是农产品销售与统一服务相结合，联合购买生产资料相对较少，而提供农业保险服务的仅 1 家。

表 4.7　合作经济组织的服务方式

服务方式	合作组织数量
统一提供农业技术服务	13
联合销售＋统一服务（其中：保护价收购）	11（6）
联合购买生产资料	5
提供农业保险	1

注：选择方式为多项选择，数据根据调查资料整理。

在农民专业合作经济组织开展农业技术服务时通常采取以下方式：①推广畅销的农作物新品种，如连云港市赣榆县沙河蔬菜协会成立后引进以色列瑗玛 70 番茄等新品种 16 个。②改进生产技术，如连云港市东海县黄川草莓生产合作社在草莓生产推广大棚四膜覆盖技术替代原来的单层膜技术。③开展技术培训，定期聘请省内外专家实地授课。④经常性的技术指导解难等。

农民专业合作经济组织提供农产品销售服务的方式主要有以下两种：①保护价收购。滨海县正红镇草柳编织协会按协会与成员商定的保护价格购买成员的柴草、竹子、玉米膜等制品，由协会统一出售。另外一些合作组织创新了保护价收购方式，如淮安市淮阴凌桥米业协会创办的“粮食银行”方式，用会员企业的仓库为农民保粮，当市场价格高于存粮价格时，可按市场价格结算；当市场价格低于存粮价格时，按存粮价格结算；除此之外，农民还可随时到“粮食银行”提取部分或全部现款。②中介推销。连云港市东海县黄川草莓生产合作社建有专门的草莓交易市场，只有社员能进入交易市场，在市场内与客商面对面直接按市场价格交易，交易达成后，合作社向客商加收每斤草莓 0.1 元的服务费。

（2）利润分配机制。农民专业合作经济组织的成功运行，关键之一在于建立合理有效的利润分配机制，得以保障所有成员的利益。在实践中，农民专业合作经济组织利润分配主要是股金分红、按交易额返还社员利润以及股金分红加利润返还三种形式（见表 4.8）。其中，最能体现合作原则的是按交易额返还社员利润，这是合作组织利益激励的主要办法；对于股金分红，合作经济组织一般规定分红率小于银行的同期存款利率。

表 4.8　不同利润分配形式的农民专业合作经济组织数量

	股金分红	按交易额返还社员利润	股金分红加利润返还	无利润分配
合作组织数量	2	1	3	9

资料来源：根据调查资料整理。

被调查的农民专业合作经济组织中，2 家按照股金分红的方式分配利润，其中淮安市涟水县马老粮食加工协会除 50％提取发展基金外，其余全部分红；淮安市淮阴凌桥米业协会则实行定额分红制。按交易额返还社员利润的仅有盐城市射阳县省属临海农场啤麦协会1家。此外，3家按股金分红加利润返还的形式分配利润，股金和返利的比例分别是为7：10、6：1、2：13。其他9家农民专业合作经济组织则没有利润分配，原因之一是合作经济组织刚成立，发展资金匮乏，这类合作经济组织占5家；原因之二是合作经济组织仅向分散经营的农户提供技术服务，农产品经营则由农户各自分散进行，组织收入全部用于正常的维护管理开支，因而不存在利润分配，这类合作经济组织占4家。

综合来看，由于农民专业合作经济组织发展处于初级阶段，发展资金缺口较大，大部分组织的收入仅能维持日常管理开支，盈余所剩无几，因而按股金分红和交易量返还的利益激励机制难以发挥作用。被调查对象中，按股金分红和利润返还相结合的方式被更多的专业合作经济组织接受，原因在于单纯的分红或返利方式都存在缺陷。专业合作经济组织规定，按股金分红不得高于同期银行存款利率，必然导致农民转向银行储蓄；而最能体现收入分配原则的按交易额返利方式，目的虽然在于吸引成员增加同合作经济组织的交易，但由于具有不确定性，农民更为关心的是在技术培训、种子化肥等生产资料购买、农产品销售过程中所能得到的实惠。

4.4 世行项目区农民专业合作经济组织运行状况案例研究

4.4.1 宿迁市泗洪县刘德蔬菜协会——村干部牵头型农民专业合作经济组织

（1）协会建立。宿迁市泗洪县刘德蔬菜协会是由刘德村委会肖飞、刘丙宇等村干部于1998年3月发起成立的，协会会员均为刘德村蔬菜种植户。

种植蔬菜是刘德村长期保持的传统。随着市场经济不断发展、国内买方市场形成，蔬菜种植户分散经营的方式难以适应不断变化的市场需求，在采购生产资料和蔬菜销售过程中无法取得规模优势，蔬菜种植户的经营效益呈下降趋势。为了解决蔬菜种植户在进入市场中共同面临的问题，增加蔬菜种植户的收益，刘德村委会的村干部挑起重任，由村支部书记肖飞牵头，组织本村蔬菜种植户按“民办、民营、民受益”的原则成立了泗洪县刘德蔬菜协会。协会主要向会员提供优质蔬菜种子供应、市场销售、技术指导等综合服务。协会的成立推动了刘德村蔬菜种植业的专业化、规模化发展。村民会员从最初的 8 人发展至现在的 240 人，带动蔬菜种植户 500 户。刘德村 1 500 亩耕地中已有 1 000 亩采用塑料大棚种植无公害蔬菜，另外建有 60 多个日光能温室，全村种植蔬菜每年纯利润达 620 万元，种植蔬菜的户年均收入上万元。

（2）协会的业务经营和主要活动。协会成立以来，围绕会员的产前、产中、产后环节，积极为蔬菜种植户提供服务：

一是提供统一购买良种，统一技术指导和培训。协会注重发展高效特色蔬菜，先后引进亩产 1.5 万千克的以色列西红柿、日本甜瓜、台湾“农友”甜西瓜、美国紫茄等 20 多个名、特、优、新品种，这些新品种在引进推广之前先由协会试种。新品种、新技术的采用需要高昂的成本，如从山东德州购进的以色列西红柿种子 200 元/克，协会承担了试种可能带来的风险。试种成功后再由协会从江苏省农科院统一购买，既保证了蔬菜种子的质量，又可以获得较低的购买价格。此外，协会每年组织部分会员到外地学习，并聘请江苏省农科院、扬州大学、南京农业大学、安徽农科所等大专院校、科研单位的专家、教授到协会授课、田头指导，帮助农民解决科学种植反季节蔬菜的技术难题，培养了一大批协会技术骨干。通过种种方式，提高会员的科学种植水平。

二是实施品牌战略，确立优势产品，统一组织销售。协会注册了“刘德”牌瓜果蔬菜商标，重点发展的西红柿和冬季韭菜作为主打产品，依靠品牌战略，刘德蔬菜的价格在泗洪县比来自山东的同品种蔬菜平均高出 0.2 元/500 克，缩减运输成本的同时，增加了会员的销售收入。关于蔬菜的销路问题，协会在泗洪洪盛市场设立销售窗口，统一对外销售会员的蔬菜；外地市场则由协会组织的一支 20 多人的经纪人队伍，负责在南京、淮阴、徐州、无锡等地设立批发销售网点。此外，为进一步扩大销售能力，协会组建起蔬菜公司。

（3）协会的组织管理和存在问题。宿迁市泗洪县刘德蔬菜协会章程规定，社员大会是协会的最高权力机构，无法召开会员大会时设立会员代表大会，代表人数不少于会员总数的 1/5，代表任期 3 年，可连任。社员大会选举成立理事会和监事会。社员大会每年召开 1～2 次，就协会发展中的重大事项进行商讨并投票表决，实行民主管理，一人一票。

理事会是协会的执行机构，负责协会的日常管理，由 9 名理事组成，除刘德村党支部书记肖飞外，其余 8 人都是村干部，理事任期 3 年。理事会选举理事长 1 名，副理事长 2 名。理事长是协会法定代表人。

监事会是协会的监督机构，由 9 名监事组成。监事会可针对理事会工作中出现的问题作出决议，以书面形式通知理事会，理事会在接到监事会决议后 10 日内必须作出响应。理事会和监事会的成员不能兼任。

协会的运作资金主要来源于股金、会费和外援资金。协会成立之初筹集股金 15 000 元，每股 100 元，每个会员最多认购 20 股，会员入股形式可以是资金、技术、实物和土地承包经营权等。认购股金的主要是理事会成员，一般成员不要求入股；协会会员每年缴纳 100 元的会费，协会章程规定在协会会费不足时，经会员大会讨论，可要求会员补交一定数额的会费。此外，2006 年协会获得政府扶持资金 43 万元，银行贷款 5 万元。

宿迁市泗洪县刘德蔬菜协会是依托刘德村委会组织的松散型协会。协会发挥了为会员提供产前、产中、产后服务的基本功能，基本体现了合作经济组织的民办、民管、民受益的特性，在全村蔬菜经济发展中起到积极作用。协会存在的问题主要是内部关系松散，与会员的利益联结机制脆弱，协会的活动仅停留在技术和销售服务层次，市场开拓有限，对蔬菜的附加值开发力度小，需进一步拓宽会员增收的空间。此外，协会普通会员对协会的活动、管理决策参与程度低。

4.4.2 东海县黄川草莓生产合作社——专业大户牵头型农民专业合作经济组织

（1）合作社建立。东海县黄川草莓生产合作社由专业大户谢春光牵头，在县镇政府的支持下于 2001 年 2 月成立。合作社社长谢春光原是黄川镇新沭村会计，是 20 世纪 90 年代新沭村最早采用塑料大棚种植草莓的农户之一。由于懂技术、善于经营管理，谢春光种植草莓获得较高的经济效益，成为当地的草莓种植大户。在谢春光的带领下，一些农户开始采用塑料大棚种植草莓，带动了一些种植大户。但许多人塑料大棚种植技术水平低，管理不善，导致草莓的产量和品质均无法保障，90%的草莓仅局限在百公里范围内的市场销售，农民对此形容为“锄头不着市场”。谢春光和小部分种植大户开始为普通种植户提供技术信息并联系销售市场。2000 年 3 月，新沭村当年扩大草莓种植面积，增产的价值 500 万元的近千吨草莓在当地市场销售困难，谢春光联系北京、天津、山东等地的客商，订购了全部草莓。由此，在黄川镇政府的引导鼓励下，谢春光带领新沭村的部分村民成立了东海县第一个农民专业合作经济组织——东海县黄川草莓生产合作社，将当地的草莓种植专业户组织起来，解决共同面对的技术、销售难题。

合作社按合作社原则制定章程，按章程开展活动，为社员提供良种、技术、销售服务，使当地草莓生产规模不断扩大，从最初 40 多亩的种植面积，发展到建成以新沭、桃李等村为中心的 1.6 万亩无公害草莓基地，拥有草莓温室大棚 14 000 多幢，年产鲜草莓 2 万余吨。合作社社员由建社之初的 500 人扩大到 2 000 人，农民收入得到大幅提高，由过去的人均收入不足 2 000 元增加到 4 000 多元。种植草莓成为当地农民的重要经济来源。

合作社在 2001 年被江苏省政府命名为首批“50 佳合作社”，并于 2007 年 1 月接受了温家宝总理的视察；谢春光被评为“江苏省劳动模范”。

（2）合作社的组织管理和服务活动。东海县黄川草莓生产合作社成立后制定的合作社章程，明确合作社的社员大会和理事会等领导机构、社员入社办法及权力义务等。社员大会选举产生理事会和社长。理事会由 7 人组成，理事任期 4 年。社员大会每年召开三次，除向广大社员通报合作社的运转情况、财务情况外，并就合作社发展中的重大事项全体讨论并投票表决，实行民主管理，一人一票。理事会负责日常经营管理，社长由合作社发起人、现任新沭村村长谢春光担任。合作社成员来自东海县黄川镇及其他乡镇，以黄川镇行政区域内新沭村及其附近村的村民为主。合作社的经营资金主要依赖谢春光和其他种植大户投资，同时借助政府的政策扶持资金。考虑到社员的经济承受能力，社员仅需入社时交纳 10 元股金。合作社的主要活动是向社员提供草莓生产的产中技术服务和产后销售服务。

合作社开展多种形式的草莓生产技术服务。一是引进草莓新品种，合作社从国内外引进果胶、明宝、美国 6 号等三个系列新品种，以适应不同消费群体的需求。二是向社员推广普及草莓生产新技术。在合作社刚成立的 2001 年，采用蜜蜂授粉取代了农民摇扇子给草莓花授粉的方式，使草莓果的畸形率由 40％降到不足 5％，每个果子的重量增长 20％。随后，合作社又逐渐推广种苗脱毒、地膜覆盖、滴灌等多种新技术，有效地控制了病虫害发生，使结出的草莓不仅大小均匀，果型大而且质量稳定，色鲜味美。草莓亩产达到 1 500 千克，每亩种植毛收入4 500元，净收入 3 000 元。三是开展技术交流和技术指导。合作社主动与科研院所和大专院校开展技术交流，聘请专家进行技术培训和技术指导，并与东海县农业局联合攻关，推广 1 万亩草莓绿色产品等级标准化生产新技术。此外，社长谢春光根据草莓生长的情况及时印发管理要领免费发放给入社农户，并登门指导防治病虫害。在社员中培养 10 多名技术骨干，到田头进行技术示范和指导。四是进行绿色食品认证，要求草莓种植户统一按无公害生产标准进行生产，随时进行技术指导，严把质量关。

关于草莓的销售渠道，合作社积极开拓市场，不断改善销售方式，实施品牌营销战略。一是建立专业的草莓交易市场。合作社成立时，经多方筹集资金，在新沭村建立了全省最大的草莓田头批发市场，方便社员交易，社员在市场中交易可以获得比市场外个人交易高出 0.1～0.2 元/500 克的收益。二是以品牌战略开拓外销市场。在建立无公害农产品、绿色食品基地的基础上，合作社注册了“黄川”牌草莓商标，标明黄川草莓的无公害农产品、绿色食品的身份；同时统一印制包装盒，交由合作社社员使用。此外，合作社设立了“东海县黄川草莓生产合作社”网站，特别介绍宣传黄川草莓，提供供求信息。合作社每年在草莓上市之前，安排专人与各地的龙头企业、超市接洽，目前已形成2 000多人的经纪人队伍，活跃在江苏省的南京、徐州、淮阴等周边地区及北京、天津、上海、青岛等地 120 多个大中城市，建立起广泛的销售网络，除此之外，黄川草莓还远销日本、韩国等国际市场。草莓年销售成交额达 6 000 万元以上。

（3）合作社发展面临的制约因素。黄川草莓生产合作社的发展，使分散的农户和广阔的社会大市场联系起来，促进草莓种植专业化和规模化经营，增加农民收入。但合作社在发展过程中也面临着组织管理松散、缺乏资金及社员和管理者的素质较低等制约因素，这些因素阻碍了合作社的进一步发展壮大。

第一，合作社组织管理还较为松散，内部运行机制不完善。这表现在：合作社的民主管理程度不够，决策透明度不强，普通社员并不完全信赖合作社；合作社和农户之间并没有确立契约式关系，尚未形成紧密的利益分配机制；合作社内部没有建立共同抵御风险的机制。

第二，合作社缺乏资金，竞争力有待进一步增强。社员的经济实力不强、思想觉悟不高，导致合作社向社员筹集资金困难较大；而合作社自身没有经济实体，难以获得银行贷款。因此合作社的运行主要依靠政府扶持资金和专业大户投资，受制于匮乏的资金，合作社难以扩大经营规模和服务范围。

第三，社员和管理者素质不高，合作社发展后劲不足。许多社员缺乏合作意识，只希望享受权力和利益，而不愿承担义务和风险，对合作社支持不够；管理人员市场开拓性、创新性不够。

4.4.3　淮安市淮阴凌桥米业协会——龙头企业带动型农民专业合作经济组织

（1）协会建立。淮安市淮阴凌桥米业协会，成立于2000年8月，由淮安市凌桥米业有限公司牵头，是联合淮安市淮阴区的稻米种植户共同组建的稻米种植、加工、销售联合体。协会会员遍及淮阴区凌桥、三树、袁集、渔沟、码头等多个乡镇。

淮安市淮阴区地处南北气候交汇地带，水资源丰沛，水质好，土壤肥沃，光照充足，昼夜温差大，生产优质稻米地理条件优越，所以稻米是当地农业主导产业和优势产业。淮阴区过去由于农户分散种植、粗放管理，近10家米厂形成无序生产和冒牌销售，导致生产成本高、产量低、品质下降，牌子杂、市场效益差。为了生存发展，保证自身的优质稻米来源和效益，淮安市凌桥米业有限公司打破了过去单纯的一次性买断关系，按照“利益共享、风险共担”的原则，成立了凌桥米业协会，制定《淮阴凌桥米业协会章程》，将稻米种植户与公司的利益连在一起，形成利益共同体。

伴随着龙头企业的发展壮大以及当地政府的政策支持，凌桥米业协会快速发展，协会会员由成立之初的30多人增至现在的2 896人，覆盖相邻6个乡镇，带动农户28 629户。稻米种植面积从建立之初的2 000多亩发展到现在包括9.5万亩无公害基地在内的稻米生产基地16.5万亩，其中由会员企业和农户共建面积7万亩，企业自建面积2万亩，民建面积近7.5万亩。2006年会员农户种稻的亩收入达1 080元，较普通农户每亩增收200元左右，加上免费供种、供秧、供肥以及低价返还稻米加工附产品等“二次分配”的收入，每亩可达1 200元。

协会被省农林厅、省委农工办、省财政厅评为江苏省优秀“四有”示范农民专业合作经济组织。

（2）协会的职能、组织机构。《淮阴凌桥米业协会章程》明确规定，协会的基本职能是组织从事水稻种植、加工、销售的广大农民，充分发挥群体优势，在农村推广普及科学技术，完善产前、产中、产后服务，提高农民科技素质，发展农村商品经济。协会的主要任务是为淮安市凌桥米业进行调查、研究；组织种植技术、经营管理、市场信息等交流；组织协调种植、加工、市场、科研、流通、管理等相关单位间的横向联系；种植技术咨询服务；协助政府制订规划，向政府提出有关建议。

协会的最高权力机构是会员大会，会员大会每四年换届一次。会员大会选举出理事会作为协会的执行机构。理事会设理事长1人，副理事长3人，秘书长1人，由全市稻米领域内有较大影响的理事担任。协会会长由淮安市凌桥米业有限公司负责人马宗凯担任，各理事由企业、村干部、技术员和粳米种植大户组成。理事会每年至少召开一次。理事会根据会员人数、工作需要和技术力量情况，在日常管理工作中设立种植、加工、营销三个专业委员会。每个专业委员会设会长1人，按照理事会的要求，负责本分会工作。

（3）协会的利益联结机制。每年大米种植开始前，协会都与单位成员和个人成员签订合同，具体明确各方的责、权、利。在此基础上，协会与会员间建立了多种形式的利益联结机制。

一是保护机制。协会不仅协调成员企业与农户会员签订优质粳米收购合同，保障会员农户种植的优质粳稻按高于市场20%～30%的价格收购，现金结算，而且还创新按保护价收购会员大米的方式，开办便民"粮食银行"，即利用企业的仓库，免费为农民保存稻米，农民可随时到便民"粮食银行"提取部分或全部现款，若市场价高于当时存粮价格，则按市场价格结算；若市场价格低于存粮价格，则按存粮时价格结算。这样农民可放心地将粮食存入便民"粮食银行"，不受市场变化影响。便民的"粮食银行"不仅为农民消除了市场风险，而且解决了在高温潮湿等条件下无法安全存粮的问题，大大减少了农民的库存成本及损失。这种方式能够有效地帮助农民规避市场风险，保障会员利益。

二是股份合作、股金分红和利润返还机制。协会鼓励会员农民以土地入股会员企业，实行集中种植、机械作业、利益分红；协会对会员农户实行"二次分配"，即免费供种、供秧、供肥，低价返还稻米加工附产品等；协会会员企业凌桥米业有限公司2005年通过派送股（2 000元和3 000元两种）的方式，使协会的106名种田大户和技术能手成为名副其实的企业股东，2006年增至156名。156位农民股东2006年领取红利98 800元。农民股东除参加年底分红外，还享有公司提供的农业保险、安排子女进企业务工等多种优惠。

（4）协会的运行特点。淮安市淮阴凌桥米业协会在运作中呈现出以下四方面的特点：

一是协会注重技术培训和技术指导，不断提高会员农户的科学种植能力。凌桥米业协会以扬州大学、淮安生物工程技术学院、淮安农科院等为技术依托单位，采取请进来、送出去的方法对会员农户和会员企业相关人员进行有计划培训。协会将专家请到基地田头现场示范，并建立专家热线及时解决问题。协会免费对入会稻农进行技术培训，同时将有一定文化水平的种田能手、种稻大户共200多人，分期送到淮安生物工程高等职业学校等大专院校学习，系统学习优质稻米栽培技术，培养了一批得力的农业技术骨干，他们把学到的东西带回来进行传、帮、带，将他们将掌握的技术不断“辐射”给周围农户。协会用于对会员农户的培训费用已近30万元。2005年协会又组织50名农民到淮安生物工程技术学院进行了为期一周的培训。协会自建立以来累计培训农民超过1万人次，有效提高了广大农民科技意识和科学种田水平。

二是协会注重技术引进推广和技术创新结合，不断提高协会优质稻米的竞争力。协会与江苏省及淮安市的科研院所开展合作，开发了“凌优1号”、“淮优粳2号”等稻米优良品种；积极争取政府农业开发政策资金支持，推广优质稻米新品种种植面积5万多亩；成立凌桥米业育秧公司，从选种、育苗到插秧，完全由公司负责，以提高品种的统一优化；还鼓励技术人员、农户在实践中探索新技术，及时总结推广。这些措施都极大地提高了凌桥稻米的竞争力，凌桥米业协会的“凌优”、“淮上珠”等品牌产品多次获得中国优质稻米博览会金奖和“中国市场放心健康食品”、“江苏省市民最满意产品”等殊荣。

三是协会提供统一的生产服务，保证无公害稻米产量和品质的统一。统一提供肥料、农药等生产资料，保证其质量和合理的购买价格；统一安排生产程序，由科研人员按无公害产品生产技术制定生产技术规程，明确统一的生产流程和操作要求，指导稻米种植户严格按照生产程序生产，在播种、移栽时，协会安排技术人员现场把关；统一防治病虫害，协会由企业会员的技术人员支持，对病虫害实时监控，指导和组织社员统一、科学用药。

四是协会积极开展稻米的加工销售，提升稻米品牌价值。协会通过调研，与淮阴工学院、凌桥米业共同开发大米深加工项目凌桥五谷饼，另外，增加免洗真空生产线等。新加工产品及加工技术的使用提高了协会的生产能力，品牌价值也不断提升。协会拳头产品“凌优”牌优质大米先后获得2002年、2003年、2004年中国稻米博览会十大金奖，响亮的品牌带给凌桥大米明显高于一般品牌的市场效应，最高价格达13.5元/千克。产品远销上海、安徽、山东、河北、云南、新疆及省内各地，并通过新疆转销吉尔吉斯坦，年销售量达4万余吨，出口量达3 000多吨。

（5）政府对协会的支持及积极效应。淮阴区政府积极改善协会的生产经营环境，为振兴淮阴稻米产业提供了多方面的支持。淮阴区政府积极帮助协会会员企业——凌桥米业有限公司开发深度产品，做大盘强企业规模，增强带动能力。2005年立项投资300万元财政资金，新增五谷饼生产线一条，使企业由单一的精米加工上升到稻米乃至五谷杂粮综合深度加工，延伸了产业链条。另外，该区近几年争取农业综合开发资金的支持，累计投入1 300多万元加大基地农田基础设施建设，为协会建设了以凌桥为中心的6.75万亩高标准生产基地。2005年又投入960万元财政资金在凌桥、三树建设3万亩优质稻米基地。从2003年到2005年，累计投入64.48万元推广以“凌优1号”、“淮优粳2号”为主导品种的优质稻米新品种近20万千克，种植面积48 700亩。稻米生产基地建设和优质稻米新品种的推广使用促进了稻米种植户的专业化、规模化生产，龙头企业实力的壮大同时保证了稻米种植户的销售收入的稳步提高，淮阴区稻米产业得以健康发展。淮阴区因此成为国家无公害稻米生产基地。

淮阴凌桥米业协会6年多的发展，产生了多方面的积极效应：一是要素优化配置。协会的发展，发挥了农村闲散资金和凌桥米业有限公司科技力量的作用，促进了土地、劳动力的合理配置。二是科技水平提升。协会引导农户从市场需求出发，采用优良稻米品种，科学生产，建立无公害稻米生产基地，大幅提升了稻米的科技含量。三是农民组织化程度提高，协会培养了适应市场经济要求的现代农民。

4.4.4 新沂市四季青农产品营销合作社——农业服务部门领办型农民专业合作经济组织

（1）合作社的建立。新沂市四季青农产品营销合作社建立于2000年初。20世纪90年代后半期，我国农产品市场由卖方市场逐渐转向买方市场，农产品“卖难”问题凸显，农产品生产销售由主要受自然风险约束转变为受自然风险和市场风险双重约束。农产品市场波动和市场竞争加剧，农户小生产和大市场的矛盾越来越突出。由于农户生产管理技术落后，粗种粗收，不注重农产品质量，造成经济效益低下。新沂市瓦窑镇经管站为适应农村经济新形势的需要，为拓宽农经服务领域，增加农户收入，进行了农村组织和制度创新。在镇党委政府的支持下，由瓦窑镇经管站牵头，瓦窑镇各村经济联合社和村级农业服务单位参与，农民自愿加入，按民主管理、利益共享的原则创建了新沂市四季青农产品营销合作社。

合作社成立6年来，发展社员863户，销售人员108人，带动农户3 000多户。社员的年亩均收入超过5 000元，其中从合作社的分配中每年人均增收300多元。合作社拥有营业面积近1 000平方米，种植示范基地5 000多亩，高科技温室大棚40栋，塑料大棚1 000栋，运输货车20辆，总资产达200多万元，年营业额1 500万元，成为江苏省首批20家省级示范农村专业合作社之一。

（2）合作社的职能、组织管理和利益分配机制。新沂市四季青农产品营销合作社在合作社章程中明确规定，合作社不以营利为目的，主要是搞好示范，免费为会员提供产前信息、产中技术指导、产后销售服务；为农户提供良种、化肥、农药、农膜等农业生产资料。农民入社自愿，退社自由。建立利益共享的分配机制，合作社对会员农户按指导生产的产品实行保护价收购。合作社所创收入以奖励的形式支持会员农户再发展。

合作社章程规定了合作社的社员大会和理事会等领导机构，社员大会选举产生理事会和社长。理事会负责日常经营管理，实行理事会领导下的总经理负责制。合作社设总经理1人，副总经理3人，下设三部二室，即技术部、信息部、营销部及财务室、办公室，管理人员55人，其中具有大专以上文化程度16人，中级职称10人，高级职称1人。技术部下设32个各类专业协会（如蔬菜、香瓜、草莓、桃、梨、水产等），信息部负责市场的调研、各类信息的收集、整理、传递。营销部下设16个分社、150名经纪人，负责生产的组织、产品的购销、经纪人的培训等。财务室负责资金的筹集、调度和管理。

合作社完善利益联结机制，激发农户参与合作社的动力。一是实行保护价收购。每当农产品收获季节，合作社都及时向社员公布收购保护价，让社员放心。二是实行“二次分配”。当农产品收购结束后，社员凭社员证和销售发票兑现“二次分配”款。由于要求加入合作社的社员都应入股，所以每年末合作社的经营利润在按15%提留发展资金后，剩余部分全部分配给社员，其中利润总额的35%按股分红，50%按社员与经济合作组织的交易额返还利润。

（3）合作社的服务方式。合作社以增加社员收入为宗旨，“引导与服务并举，技术与市场并重，坚持以农为本，为农服务，让利于民”，最大限度地为农户服务，围绕农产品生产的产前、产中、产后为社员提供全方位的优质服务，承诺“优质服务不收费，提供种子无假货”，“农户有困难，请找四季青”。

在产前阶段，合作社及时收集市场信息，批量购买生产资料，积极引进高新品种。首先，合作社建立了市场信息收集网络，由信息部专门负责联络50多个信息点的近百名信息联络员，随时掌握市场需求信息和价格走势，及时把市场行情反馈给社员，指导社员调整作物品种结和种植规模。其次，合作社营销部与常州中东化肥集团、山东红日集团、山东德州尿素厂等企业建立了稳定的代销合作关系，按优惠价格购进化肥、农药、农膜等生产资料，保证社员的及时需求。再次，合作社引导社员扩大产量高、效益好的高新品种种植面积，合作社共引进高新品种 68 个，推广面积 13 000 亩，直接经济效益达 1 000 多万元。合作社从中科院郑州瓜果研究所引进了黑蜜五号、郑抗 1 号等 10 多个西瓜新品种，指导社员扩种西瓜 3 000 亩；又从中科院水稻研究所引进七彩水稻等 7 个新品种，扩大种植面积 500 亩；另外，还扩种红香酥、早美酥等梨树新品种 3 000 亩，洋香瓜种植面积 1 200 亩。

在产中阶段，合作社定期开展技术培训，随时现场技术指导，确保农户掌握实用技术。首先，合作社每年都要举办各类培训班、专家讲座。合作社共举办各类培训班 20 期，受训人员达 11 000 人次，印发各种技术资料 15 000 余份，先后 6 次邀请有关大中专院校、科研院所的专家、教授前来讲述市场营销、新技术推广等知识，受训达 5 000 人次，使农户基本掌握无籽西瓜栽培等多项新技术，极大地提高了镇农业生产的科技含量。其次，合作社技术部的技术人员实行分工负责，包片、包户、包项目，定期到田间地头了解生产情况，及时解决技术难题。

在产后阶段，合作社协议收购社员产品，注重改善销售方式，保证社员最大收益。凡会员户按合作社规划生产的农产品，合作社按市场行情统一定价，分散收购，集中销售。对市场风险较大、投资较多的品种，从保护农民利益，调动农户积极性出发，合作社采取预约方式，制定保护价，与农户和客商签订购销合同。另外，在合作社成立之初，由一名副总经理带队到全国各大城市布点，在上海曹安市场、南京白云亭市场、山东寿光、大连等各大城市聘请专兼职信息员、代理人，建立营销网络，并与连云港如意集团等客商建立起互相信任、互相帮助的协作关系。合作社还加大投入，构筑多层次、全方位市场及信息网络，使农产品卖得掉、收益高。这些措施保证了社员农户种植收入的稳步提高，极大地调动了农民的生产积极性，促进了农业结构的战略性调整。

（4）合作社的积极效应。新沂市四季青农产品营销合作社，对推动新沂市瓦窑镇经济发展具有重要作用：

一是提高了农民组织化程度，增加了农户收入。农产品营销合作社成为农民进入市场的载体，增强了农民的市场意识，使农民能够按市场需求有效地组织生产，既减少了农民单独进入市场的风险，又使农民能够分享加工销售环节的利润，促进农民增收。

二是促进了农产品生产专业化、规模化发展，提高了产业经营化水平。合作社根据农产品专业生产户的需求，为社员提供产前、产中、产后的系列化服务，有效弥补了家庭生产经营的不足，使农产品生产向专业化、社会化、产业化、优质化方向发展。

三是促进了农产品生产新技术的使用和农民素质的提高。

4.5　本章小结

随着市场经济的发展和农业产业化进程的逐步推进，我国现行人地均分、分散经营的农业生产经营体制和现代化大生产之间的矛盾日益突出，农民与市场相对脱离，在激烈的市场竞争中处于不利地位，合法利益得不到合理保障，收入增长缓慢且不稳定。要解决这些问题，必须有一个能真正代表农民利益，有效组织农民进入市场的载体，来弥合农民与市场之间的断层。各类农民专业合作经济组织在这种形势下应运而生，其建立和发展依赖一定的基本条件：在区域内农产品生产有一定的专业化生产规模且产品市场潜力较大；具有勇于开拓奉献的带头人；当地政府及相关职能部门的鼓励和支持。从实际运行情况来看，农民专业合作经济组织在提高农民组织化程度、解决农民入市难、拓宽农业服务领域、强化社会化服务功能、增强农业市场竞争能力等方面已日益显现其积极作用，但与国际合作社相比，在组建方式、运行机制等方面我国农民专业合作经济组织仍不规范。

农民专业合作经济组织的形式不少，各有其适应范围和优势。由村干部或专业大户等农村能人牵头型的农民专业合作经济组织自主性和凝聚力较强，靠牵头人开展活动，合作组织运行成功与否关键在于牵头人的素质、经营管理才能及经济实力。由于受牵头人和社员农户思想意识及资金、人才、技术的多方面因素的制约，这类合作组织服务功能不强，市场开拓和抵御风险的能力较弱，其稳定发展难以离开政府的帮助和支持。龙头企业带动型农民专业合作经济组织利益关系紧密，龙头企业和成员农户通过契约结成利益共同体，合作组织依托龙头企业开展一体化服务，开拓市场，对农户的带动力很强。合作组织成功运作不仅要求龙头企业自身有较强的经济实力和市场开拓能力，而且还要求龙头企业具有利用现代产业组织整合小农生产的能力。合作组织的发展和龙头企业经济实力的增长密不可分。政府农业服务部门领办型的合作组织在新技术开发、推广、应用上可以发挥农业服务部门的人才、技术和组织优势，但行政色彩较浓，成员与非成员的区分不大，因而民主性和凝聚力不强，成员之间利益关系较为松散，合作以生产技术服务为主，成员农户很少分享到农产品加工和销售环节的利润。其健康发展有赖于农业服务部门与合作组织二者边界的清晰界定。

各种类型的农民专业合作经济组织都存在管理制度和运行机制不健全的问题，如产权制度模糊、民主管理流于形式、利益联结机制薄弱、财产积累和风险共担机制的缺失等。这一系列问题已严重制约了我国农民专业合作经济组织的健康稳定持续发展。只有澄清农民对新型农民专业合作经济组织的种种模糊认识，提高农民素质，加上政府的不断引导规范，经历了市场经济洗礼的农民专业合作经济组织才会不断完善自身，真正发挥农民利益共同体的作用。

第五章 农民专业合作经济组织信贷影响因素分析

我国新颁布实施的《农业法》第二条将专业合作经济组织纳入农业生产经营组织范畴，第十一条更是明确规定：国家鼓励农民在家庭承包经营的基础上自愿组成各类专业合作经济组织。农民专业合作经济组织应当坚持为成员服务的宗旨，按照加入自愿、退出自由、民主管理、盈余返还的原则，依法在其章程规定的范围内开展农业生产经营和服务活动。农民专业合作经济组织可以有多种形式，依法成立、依法登记。任何组织和个人不得侵犯农民专业合作经济组织的财产和经营自主权。2007 年 7 月 1 日开始施行的《中华人民共和国合作社法》明确了农民合作社的法律地位，对于规范农民合作组织的经营管理起到了十分重要的作用。这也充分说明农民专业合作经济组织引起了政府的日益重视。从江苏省范围来看，江苏省农林厅统计资料显示，截至 2007 年底，全省农民专业合作经济组织已达 7 400 个，成员 260 万人，带动农户 380 万户，分别比上年增加 1 000 个、40 万人、46 万户，苏北地区农民专业合作经济组织数量占全省的 60%左右，而截至 2009 年 9 月底，全省工商登记的农民专业合作社已达到 21 113 家，出资总额 2 279 573.8 万元，发展势头迅猛。

随着市场环境的根本性变化，苏北地区的农民专业合作经济组织自身发展愈来愈受到资源和市场的双重约束，现代农业完全面对市场的生产使得资金收入、支出以及投资之间必然存在时间和数量差异。这种差异单靠农民专业合作的自身积累难以满足，农民专业合作经济组织在技术引进、设备改造、农产品质量检测与标准化、企业管理、市场开拓、信息收集以及扩大规模更新设备等方面需要大量资金，必然产生对借贷的强烈需求。因此，农民专业合作经济组织必须借助于外部的资金供给才能满足组织成长的需要。

在苏北地区农民专业合作经济组织数量激增的同时，农民专业合作经济组织的发展壮大以及农民的增收需要一定的外部资金的支持。无论从研究的角度还是从政策制定的角度，研究农民专业合作经济组织的信贷状况具有较强的现实意义。那么，苏北地区农民专业合作经济组织的资金需求状况如何？农民专业合作经济组织资金需求是通过哪些途径解决的？正规金融机构和民间金融对农民专业合作经济组织的支持力度有多大？影响农民专业合作经济组织获得信贷服务的因素有哪些？我们应该怎样从政策和制度上保障农民专业合作经济组织的信贷需求得到满足？笔者拟从以上这些问题出发，作出实证分析，并提出相关政策建议。

5.1 理论框架

农民专业合作经济组织在农村经济中是新兴力量，在地方经济中的作用越来越大。尽管由于农村经济的相对落后和农村的金融抑制，农民专业合作经济组织参与信贷市场的程度不高，但为了扩大生产规模、引进技术、开发新项目，农民专业合作经济组织对资金的需求正在不断扩大。农民专业合作经济组织的信贷需求包括正规信贷和民间借贷。

农民专业合作经济组织信贷融资能力取决于资金供给者的信贷供给能力和资金供给者对资金需求者资信状况的主观评价。

从资金供给方的角度来看，相关利益主体能否获得信贷资金取决于这些资金能给供给者带来的预期收益。而预期的收益又决定于资金的利率和资金的风险。正规金融机构的借贷一般均有利息，在充分考虑风险的角度下，利息作为收益组成的一部分，是主要的决定因素。而民间借贷情况较为复杂，有利息较高的高利贷、地下钱庄等，也有无息或低息的亲戚朋友间短期的资金融通。亲戚朋友间借贷过程中，利息不是主要的决定因素，这种民间借贷的收益是人情关系或者其他形式的预期收益。利息收益越显著，对资金供给者的影响越明显，由于其容易观测和计量，通常被作为信贷需求的重要影响因素。资金供给者在考虑收益的同时，还更加关心资金的风险水平，将资金贷给风险小的借款者，才能保证本息的按时收回。一般而言，通过考察借款单位的相关特征变量，可以衡量贷款风险的大小。

从资金需求者的角度来看，借款单位信贷获取能力取决于该单位的资信状况及相关特征，这些特征影响贷款人的信贷供给意愿。贷款金融机构基于借款单位相关特征对其进行信用评价，并根据主观评价做出是否对借款单位发放贷款、发放贷款的额度、利率、期限、抵押条件等决策。影响贷款金融机构对借款单位信用评价的具体因素很多，包括借款单位规模、成立年限、行业特征、产权结构、地理位置等自身特征以及借款单位的财务状况、经营状况等，也包括借款单位的信用记录、与银行的关系、宏观经济形势等；同时，还包括借款单位管理者的个人特征，如：年龄、受教育程度等。民间资金供给者也会通盘考虑各种因素，才会做出是否借出资金的决定。

此外，资金供给方出于资金安全考虑，会对资金需求者有一定的特殊要求，如：提供资产抵押、第三方担保等，这些供给者的特殊要求等因素也将影响农民专业合作经济组织能否获得资金和得到资金的多少。

5.2　数据与方法

苏北属于经济欠发达地区，农业生产比重占江苏份额较大。为了深入了解苏北地区农民专业合作经济组织的信贷状况，本研究按照人均国民生产总值、已有农民专业合作经济组织发展情况和外部环境等，在苏北地区的徐州市、连云港市、淮安市、盐城市、宿迁市等 5 个市各选出 3～5 个，共 20 个有代表性的农民专业合作经济组织作为被调查对象，连续跟踪三年，收集第一手资料。被调查的农民专业合作经济组织中，2 个没有真正运作，只挂牌协会，以下的分析都将除去这 2 个合作组织。

根据研究需要，计量模型变量的选择如下：

第一，在正规信贷中采用的变量：农民专业合作经济组织基本特征选用的因素：固定资产规模、年营业收入、成立时间、是否注册；农民专业合作经济组织主要管理者个人特征选用的因素：主要管理者年龄、主要管理者受教育年限；前一年借款因素：前一年借款额。

第二，在非正规借贷中采用的变量：非正规信贷模型中采用与正规信贷相同的变量。

根据上述变量因素选择的结果，模型中所采用的自变量统计指标见表 5.1。

表 5.1　农民专业合作经济组织信贷决定因素变量的全部样本统计值

解释变量	均值	标准差
观察值个数：	54	
农民专业合作经济组织特征：		
固定资产规模	68.28	110.25
年营业收入	70.81	160.19
成立年限	3.36	2.58
是否注册	0.58	0.49
农民专业合作经济组织主要管理者个人特征：		
主要管理者受教育年限	11.53	2.10
主要管理者年龄	43.56	6.80
前一年借款因素：		
前一年正规信贷借款额	3.2	8.38
前一年非正规信贷借款额	75.36	196.02

注：具体数据的计量单位参见表 5.2。

资料来源：调研数据整理。

固定资产规模为年度平均值，计算方法：

固定资产规模=（年初固定资产规模+年末固定资产规模）/2

年营业收入为各期前一年收入情况，即为 2004—2006 年各合作组织年营业收入。

不同的农民专业合作经济组织获得的正规贷款的金额不同，这不仅由于农民专业合作经济组织对正规贷款的需求量不同，而且正规贷款者也会根据农民专业合作经济组织的情况给予不同金额的贷款。农民专业合作经济组织获得借款的金额大于等于 0，所以这个模型中的因变量下限被界定，通过限值因变量 Tobit 模型分析农民专业合作经济组织获得正规贷款规模的影响因素。具体理论模型如下：

$$Y=\alpha+\beta_1 X_1+\beta_2 X_2+\beta_3 X_{t-1}+\varepsilon_1 \qquad (1)$$

方程（1）中，Y 代表获得贷款的金额，α 为常数项，β 为待估的自变量参数，X_1 代表农民专业合作经济组织自身特征，X_2 代表农民专业合作经济组织主要管理者个人特征，Y_{t-1} 为前一年借款额，ε 为残差项。

在实际计量模型中，把借款分为正规信贷和民间信贷，以此来研究农民专业合作经济组织哪些因素影响正规与民间信贷的获得情况。根据本书的研究目的，将各因素变量加入上述方程中，方程（1）用符号表示为如下两个表达式，符号的具体含义参见表 5.2。

$$FC=\alpha+\beta_1(\text{Assets Income T Register})+\beta_2(\text{Edu Age})+\beta_3 FC_{t-1}+e_1 \qquad (2)$$

$$IC=\alpha+\beta_1(\text{Assets Income T Register})+\beta_2(\text{Edu Age})+\beta_3 IC_{t-1}+e_2 \qquad (3)$$

表 5.2　变量符号、定义及计量单位

变量符号	变量定义	计量单位
FC	合作组织获得正规信贷的金额	万元

（续）

变量符号	变量定义	计量单位
IC	合作组织获得民间信贷的金额	万元
Assets	合作组织固定资产规模	万元
Income	合作组织年营业收入	万元
T	合作组织成立年限	年
Register	合作组织注册情况	是＝1，否＝0
Edu	合作组织受教育年限	年
Age	合作组织主要领导者年龄	年
FC_{t-1}	合作组织前一年正规信贷借款额	万元
IC_{t-1}	合作组织前一年民间信贷借款额	万元

注：表中数据均为三年中各年份的数据，年营业收入数据采用上一年年末数据；固定资产数据为年度均值，计算方法：固定资产规模＝（年初固定资产规模＋年末固定资产规模）/2

5.3 实证结果及分析

5.3.1 影响农民专业合作经济组织获得正规信贷的决定因素

利用限值因变量 Tobit 模型处理由三年数据构成的面板数据，从而得到农民专业合作经济组织获得正规信贷的影响因素，模型估计结果见表 5.3。部分因素变量影响显著，且符号与预期的作用方向一致。

表 5.3 农民专业合作经济组织获得正规借贷影响因素模型估计结果

解释变量	系 数	Z 值
合作组织固定资产规模	0.058 055 1**	2.08
合作组织年收入	−0.014 334 8	−0.88
合作组织成立时间	0.118 236 3*	1.86

（续）

解释变量	系　数	Z值
合作组织是否注册	－2.076 8	－0.80
合作组织受教育年限	0.093 832 3	0.16
合作组织主要领导者年龄	－0.151 614	－0.83
合作组织前一年正规信贷借款额	1.631 412***	7.89
Number of obs	54	
Wald chi2（7）	265.59	
Log likelihood	－95.842 865	
Prob ＞ chi2	0.000 0	

注：***、**、*分别代表Z值通过1%、5%、10%的统计显著性水平。

从模型估计结果看，显著影响农民专业合作经济组织获得正规信贷的因素有：农民专业合作经济组织固定资产规模（＋）、农民专业合作经济组织成立年限（＋）、前一年农民专业合作经济组织正规信贷借款额（＋）。

固定资产规模正向影响农民专业合作经济组织获得正规贷款的规模，农民专业合作经济组织固定资产增加，农民专业合作经济组织获得贷款的规模也增加。在现阶段，信用社等金融机构给农民专业合作经济组织的贷款主要为抵押贷款和担保贷款，抵押贷款占绝大多数份额，抵押贷款的额度取决于抵押品的数量和质量。农民专业合作经济组织的固定资产规模越大，可用作抵押的资产相对越多，获得贷款的数额会越大。总体来看，农民专业合作经济组织的固定资产是正规金融机构认定的重要的资信考察因素。

农民专业合作经济组织的年营业收入对获得正规信贷的规模影响不显著，但不说明农民专业合作经济组织的盈利能力不重要。不显著的原因可能是正规金融机构认为农民专业合作经济组织与一般的企业不同，其经营存在较大的风险，因而农民专业合作经济组织很难以盈利能力和未来收益从正规金融获得贷款。随着农民专业合作经济组织规范化程度的提高，农民专业合作经济组织的盈利能力必将成为正规金融机构审批贷款中的重要考察指标。

农民专业合作经济组织获得正规贷款的规模与农民专业合作经济组织的成立年限成同向变动，成立年限越长，获得正规借贷的规模越大。这与苏北地区农民专业合作经济组织发展所处的阶段有关。大多数合作组织成立时间在 2000 年以后，2005—2007 年是部分合作组织的发展规范期，还有部分合作组织在这段时间内刚成立。合作组织刚成立时，管理不规范，运营活动内容少，资金需求量少，获得金融机构贷款比较困难。但当农民专业合作经济组织随着时间的推移规范化程度越来越高、资金需求量越来越大时，其自身状况的改善将有助于农民专业合作经济组织获得金融机构贷款。此外，成立时间较早的农民专业合作经济组织的社会资本一般较新建的合作组织多，与金融机构的关系会更好一些，这对关系型信贷有促进作用。

农民专业合作经济组织本期正规信贷借款额与前一年正规信贷借款额同向变动，农民专业合作经济组织前一年的借款规模越大，农民专业合作经济组织当年的正规信贷借款规模也随之增大，影响效果显著。原因可能是多方面的：一方面，农民专业合作经济组织获得正规贷款资金后，其资金需求得到一定满足，农民专业合作经济组织可以扩大生产规模、投资新项目，使得农民专业合作经济组织的经营状况改善，资信水平提高；另一方面，农民专业合作经济组织利用上年资金扩大规模、投资新项目后期资金需求量进一步扩大；再者，前一年在正规金融机构的借款如果都按时还本付息，金融机构对农民专业合作经济组织的资信评价会提高，有助于当年借款。

5.3.2 影响农民专业合作经济组织获得民间信贷的决定因素

在研究影响农民专业合作经济组织获得民间信贷的决定因素时

采用 Tobit 模型，对三年数据进行分析，回归结果见表 5.4。可以发现，大部分因素变量的影响显著且符号与预期的作用方向一致。

表 5.4　农民专业合作经济组织获得民间借贷影响因素模型估计结果

解释变量	系　数	Z值
合作组织固定资产规模	0.055 616 1***	2.82
合作组织年收入	0.656 971 1***	8.21
合作组织成立时间	0.434 572 8*	1.79
合作组织是否注册	0.261 085 3	0.15
合作组织受教育年限	−0.560 411 5	−1.29
合作组织主要领导者年龄	0.035 148 2	0.28
合作组织前一年非正规信贷借款额	0.523 705 9***	6.31
Number of obs	54	
Wald chi2（7）	7 782.16	
Log likelihood	−62.750 34	
Prob > chi2	0.000 0	

注：***、*分别代表 Z 值通过 1%、10%的统计显著性水平。

从表 5.4 中可以看出，影响农民专业合作经济组织规模的因素包括：农民专业合作经济组织的固定资产规模（+）、年收入（+）、合作组织成立年限（+）、合作组织前一年民间信贷借款额（+）。

固定资产规模正向影响农民专业合作经济组织获得民间贷款的规模，农民专业合作经济组织的固定资产增加，获得贷款的规模也将增加。在现阶段，农民专业合作经济组织的民间借贷资金供给者一般是会员农户、会员企业，也有少数非会员提供的资金。这些资金供给者基本上与农民专业合作经济组织有一定的联系，对农民专业合作经济组织有较为清楚的认识。这些民间借贷一般不需要资产抵押，借贷手续简单，且短期内的资金融通大多无利息或利息很低。尽管如此，农民专业合作经济组织的固定资产也是民间资金供给者重要的考察因素，因为他们同样要考虑资金的安全回收问题。因此，农民专业合作经济组织固定资产的规模是影响农民专业合作经济组织民间信贷的重要因素。

年收入是农民专业合作经济组织民间借贷规模的决定因素，农民专业合作经济组织年收入越高，获得的民间信贷资金额度越多。这里的年收入数据用的是上一年农民专业合作经济组织的年总收入。根据上一年收入情况，信贷资金供给者对农民专业合作经济组织当年的收入能力会有一个预期。由于农民专业合作经济组织年收入存在的不确定性较大，且监管成本较高，一般情况下，农民专业合作经济组织很难凭借盈利能力或预期收益从正规金融部门获得贷款。但民间信贷资金供给者则不同，由于他们大多与农民专业合作经济组织有一定关系，熟悉农民专业合作经济组织的运营，并可能是合作组织经营活动的参与者或决策者，这部分资金供给者的信息获取成本和监管成本较低。因此，农民专业合作经济组织年收入成为他们决策对农民专业合作经济组织借款规模的重要影响因素。

农民专业合作经济组织获得民间贷款的规模与合作组织成立年限成同向变动，成立年限越长，获得民间借贷的规模越大。原因与正规信贷相似，合作组织刚成立时，管理不规范，运营活动内容少，资金需求量少，获得民间贷款比较困难。但当农民专业合作经济组织随着时间的推移规范化程度越来越高、资金需求量越来越大时，其自身状况的改善将有助于农民专业合作经济组织获得民间贷款。此外，成立时间较早的农民专业合作经济组织会员数量较大，对当地的经济影响力较大，与民间信贷资金供给者的合作更默契，这对于关系型民间信贷有促进作用。

农民专业合作经济组织当期民间信贷借款额受前一年民间信贷借款额的影响，农民专业合作经济组织前一年的民间借款增大，农民专业合作经济组织当年的民间信贷借款规模随之同向变动。原因与正规借贷相似，可能是多方面的：一方面，农民专业合作经济组织获得民间贷款资金后，其资金需求得到一定满足，农民专业合作经济组织可以扩大生产规模、投资新项目，使得农民专业合作经济组织的经营状况改善，资信水平提高；另一方面，农民专业合作经济组织利用上年资金扩大规模、投资新项目后期资金需求量进一步扩大；再者，前一年民间信贷借款如果都按时还本付息，民间信贷资金供给者对农民专业合作经济组织的资信评价会提高，有助于当年借款额度的进一步提高。

5.4　本章小结

本章通过对苏北地区农民专业合作经济组织信贷影响因素的实证分析，得出如下结论：

（1）苏北地区农民专业合作经济组织的发展受到资金的制约。苏北地区农民专业合作经济组织的发展还处于起步阶段，农民专业合作经济组织的发展受到多种因素的制约，如资金、市场、技术等，其中资金是最主要的制约因素。农民专业合作经济组织资金满足情况较差，短期流动资金和中长期资金需求都存在较大缺口。资金短缺严重制约了农民专业合作经济组织扩大规模和投资新项目。农民专业合作经济组织要发展，必须解决资金短缺问题。

（2）苏北地区农民专业合作经济组织获得借款的主要来源是民间信贷，因为民间借贷不需要抵押和担保，手续简单，发生在农民专业合作经济组织和民间信贷资金供给者之间的借贷是农民专业合作经济组织主要的信贷资金来源。正规借贷在农民专业合作经济组织借款中的比例很小，说明农村正规金融机构的信贷服务没能满足农民专业合作经济组织的信贷需求。

（3）在很大程度上，贷款的发放取决于抵押品的质量和数量。可作为抵押品的资产包括农民专业合作经济组织所拥有的土地、房地产、机器设备、不动产、专用设备等。因此，农民专业合作经济组织的固定资产规模显著影响农民专业合作经济组织获得贷款的规模。组织固定资产规模越大，可用作抵押的资产越多，获取正规金融机构抵押贷款的可能性越大。同时也使民间信贷资金供给者对农民专业合作经济组织的资信评价提高，进而影响农民专业合作经济组织民间借贷的获得。

(4) 农民专业合作经济组织上一年的信贷规模影响当期的信贷。农民专业合作经济组织前一年的借款规模越大，当年的信贷借款规模也随之增大，影响效果显著。农民专业合作经济组织获得贷款资金后，其资金需求得到一定满足，可以扩大生产规模、投资新项目，使得农民专业合作经济组织的经营状况改善，资信水平提高，资金需求量进一步扩大；再者，前一年的借款如果都按时还本付息，资金供给者对农民专业合作经济组织的资信评价会提高，有助于当年借款。

根据本部分的实证结果，结合所研究的问题，提出如下政策建议：

第一，加大针对农民专业合作经济组织等农村经济主体的正规信贷资金的供给。在农村金融市场，正规金融机构资金供给不能满足市场需求。必须采取有效措施增加农村信用社的可贷资金，或者加大农村政策性贷款的发放，采取措施增加农村正规金融机构的多样性，增强农村金融市场的竞争和资金供给。进一步改革和规范农村金融机构的贷款制度和贷款的监督制度，克服正规金融机构存在的人为控制贷款发放因素，真正做好抵押和担保工作，有效控制金融机构自身风险。改革针对农民专业合作经济组织的贷款抵押制度，让农民专业合作经济组织的可用资产发挥作用，使农民专业合作经济组织能够有更多更便利的资产作抵押。

第二，规范和发展农村民间金融。农村民间金融对农民专业合作经济组织资金短缺问题的解决有着不可忽视的作用。但由于缺乏必要的政策、法律方面的规范和引导，农村民间金融信贷发展步履维艰，农村民间金融还不能适应农村经济发展的需要。因此，有必要对农村民间金融的融资形式、受贷对象、运行机制及监管等进行深入研究。规范其行为，以充分发挥民间金融对农民合作经济组织的资金支持作用，合理引导农村自有资金用于农民专业合作经济组织和农村市场的生产与经营。

第三，实施倾斜政策，为农村金融机构提供贷款优惠措施。农村金融市场的作用的弱势由来已久，单靠市场因素调节效率很低，必须实施必要的倾斜政策。为农村金融机构提供贷款优惠措施，促进其针对农民专业合作经济组织贷款的发放。同时进一步开放地方金融组织，加强对其规范管理，促进农村金融市场的良性发展，使地方金融组织发挥自身的资金优势，促进农民专业合作经济组织生产经营的发展。

第四，规范农民专业合作经济组织自身发展，提高自我积累能力，改善资信状况。一方面，农民专业合作组应加强组织建设，完善管理制度，提高盈利能力，注重自我资金的积累，合理计划收益的分配以及对内对外投资扩张，从而提高资金使用效率，巩固自身的资金实力。另一方面，农民专业合作经济组织必须完善财务制度，加强自身信用意识，杜绝恶意拖欠，逃废债务、抽逃资金，并加强与相关金融机构的合作，提高金融机构对其信任度，使合作组织在长期发展过程中能得到正规金融的支持。此外，农民专业合作经济组织要加强对经营活动中所有资金收支的全程监控，使资金使用合理高效。

第六章　农民专业合作经济组织经营绩效的影响因素分析

农民专业合作经济组织是农民与相关企业、组织和个人，在高度自愿基础上按互惠互利原则联合起来，合作依法经营农产品及其衍生产品的经济实体。农民专业合作经济组织在培育农村主导产业、优化生产要素配置推进农业产业化经营水平、提高农民组织化程度等方面，发挥了积极而重要的作用。

江苏的农民专业合作经济组织在发展过程中需要不断进行完善和创新，为进一步应对农民专业合作经济组织发展中所面临的障碍，必须壮大组织的规模和实力，客观上要求其与其他相关组织的相互配合。农民用水者协会（WUA）正是与农业生产密切相关的农民自己的组织，它的宗旨是代表农民运行维护本地灌溉输水系统，在中国具有极大的发展潜力。江苏省世界银行三期项目共建设了 110 个农民用水者协会，英国赠款项目计划建设 10 个示范型协会，目前基本上都已建成运行，这些协会已在项目区内灌溉、种植、销售等环节中发挥了重大作用。加大农民专业合作经济组织和 WUA 之间的配合是农村组织发展的趋势。

然而，对于促进江苏农民专业合作经济组织的发展，我们必须要把握的影响因素是什么？这些影响因素对农民专业组织又起到多大的作用？在加强 WUA 与农民专业合作经济组织的相互配合后，江苏省农民专业合作经济组织的绩效又真正发生变化了吗？本章选取了江苏省 5 市 39 家农民专业合作经济组织绩效的影响因素进行了分析，同时对 WUA 与农民专业合作经济组织相互配后所带来的绩效变化作出了实证分析，从而在一定程度上为推动江苏省农民专业组织的发展提供指导性的政策建议。

6.1　理论假说

为考虑样本地区农民专业合作经济组织的实际情况，采用年纯收入作为衡量合作经济组织的绩效指标。

假说一：加强农民专业合作经济组织与农民用水者协会（WUA）对农村农民专业合作经济组织绩效的变化会产生正影响。加强两者之间的相互配合在一定程度上可节约组织的运行成本，相应地可增加组织的年纯收入，同时使组织在节水、用水上都能够起到一定的作用。因此提出假说：加强二者的配合能够对农民专业合作经济组织的绩效产生正影响。

假说二：主要管理人员的年龄对组织绩效将会产生负影响，相反主要管理人员的受教育年限对组织绩效将会产生正影响。这是因为年轻人的人思想活跃，富有创新精神，管理人员的年轻化能够使组织富有活力；同时管理人文化程度的提高，更易于汲取高层次的科技知识，提高对新技术的接纳和推广能力，使农民专业合作经济组织不断走向创新。因此提出假说：主要管理人员的年龄对组织绩效将会产生负向影响，主要管理人员的受教育年限对组织绩效将会产生正向影响。

假说三：农民专业合作经济组织的会员数与辐射的农户数对农民专业合作经济组织的绩效将产生正影响。会员数的增加一方面能够使会员的会费增加，扩大组织的规模，同时由于大多数苏北地区的农村合作经济组织处于起步阶段，因此会员的增多能够在一定程度上提高该组织的声势，使组织的规模不断延伸，增加组织的收入。因此提出假说：农民专业合作经济组织的会员数与辐射的农户数对农民专业合作经济组织的绩效产生正向影响。

假说四：组织的机构建设对组织的绩效产生正影响。机构建设的加强将有利于组织机构设施的完善，能够加快组织的运转，使组织的经营效率提高。因此提出假说：机构建设将对组织的绩效产生正向影响。

6.2 样本描述

江苏省农民专业合作经济组织大多围绕某一收益率较高的农产品相关环节而组建，主要是为市场化、专业化程度较高的蔬菜、水果、花卉、药材等产品的生产提供技术、信息服务和农资供应、产品销售等经营服务活动。在被调查的39个合作组织中，从事农业生产、加工营销等综合性的有22个，占56.4%；专门从事农产品加工（及营销）的有6个，占15.4%；专门从事农产品营销的有11个，占28.2%。由于所处产业链的阶段不同，农民专业合作经济组织的规模等方面存在一定的差异性。

在这些调查的农民专业合作经济组织中，综合类平均会员数为537户，加工类平均会员数为133户，营销类平均会员数为1 053户。营销类农民专业合作经济组织的经营活动主要是提供交易信息和交易场所，对农户入会的要求很低，有的甚至没有入股要求，这是营销类农民专业合作经济组织会员数量较大的主要原因。各类合作组织所辐射的会员数存在很大差异，综合类和加工类农民专业合作经济组织的辐射效应较强，这可能是二者与农产品种植的特殊性密切相关，该地区的大量农户都将受到农民专业合作经济组织经济活动的影响；而营销类合作组织的经济活动除影响在市场进行相关农产品交易的农户外，辐射范围较小。但总体而言，苏北农民专业合作经济组织所显示出来的辐射效应相当明显。

表 6.1　农民专业合作经济组织的发展与 WUA 的配合状况

类别	数量（个）	平均会员数（户）	辐射农户数（户）	与 WUA 相互配合数	固定资产投资（万元）
综合类	22	537	5 571	11	13.4
加工类	6	133	2 290	4	25.4
营销类	11	1 053	2 900	6	8.3

在调查的 39 家合作组织中，根据是否加强与 WUA 的配合，对其又作了分类，其中有 21 家农民专业合作经济组织其附近有 WUA 并加大了同农民专业合作经济组织的配合，另外 18 家周边并没有 WUA 的存在。在固定资产投资方面，加工类和综合类的农民专业合作经济组织的固定资产投资较大，营销类较小。加工类农民专业合作经济组织由于其经营活动的特殊性，固定资产投资最大，2006 年平均为 25.4 万元，与种植养殖相关的综合类农民专业合作经济组织的前期投资也较大，2006 年的固定资产投资平均为 13.4 万元，为了缓解合作组织本身的压力，政府对这两类合作组织的扶持力度较大，有 14 个综合类和 2 个加工类合作组织获得了政府的财政支持，其中获得额度最高的为 43 万元。由于营销类农民专业合作经济组织的经营活动对农户生产介入较少，只在交易过程中起类似中介的作用，其固定资产投资很少，平均为 83 000 元左右。

6.3　数据与方法

本研究所用的数据是本课题组于 2007 年对江苏省 39 个农民专业合作经济组织与其附近的农民用水者协会（WUA）调查获得，调查数据主要包括 2006 年苏北农村农民专业合作经济组织的年纯收入，组织内部成员的个人特征、组织结构（组织规模、机构建设等）、外部环境（外援资金：银行贷款、政府扶持、他人捐赠）以及是否加强了同 WUA 的相互配合等因素。

衡量绩效的指标很多，本研究根据当地的实际情况以及数据的可获得性，选择了组织的年纯收入作为衡量苏北农民专业合作经济组织绩效的指标。衡量个人特征的指标，选取主要管理人员的年龄以及受教育年限；对于组织规模的指标，选取组织的会员数和辐射的农户数；衡量机构建设的指标，选取组织的管理费用；在外部环境因素中，选取银行贷款、政府扶持、他人捐赠作为外部资金因素，同时还选择了是否加强同 WUA 相互配合作为外部环境因素之一。

由于在调查的农民专业合作经济组织当中，并不是所有的组织都处于盈利状态，有些处于亏损状态，因而衡量组织绩效时，其年纯收入也有可能为负，因变量具有被切割和被截断的特点，这些条件符合 Tobit 模型的条件限制，其模型的形式如下：

$$y_i^* = x_i\beta + \sigma u_i,\ i=1,\ 2,\ \cdots\cdots,\ N \tag{1}$$

其中：σ 是比例系数；y_i^* 是潜在变量。被观察的数据 y 与潜在变量 y_i^* 的关系如下：

$$y_i = \begin{cases} 0, & y_i^* \leq 0 \\ y_i^*, & y_i^* > 0 \end{cases} \tag{2}$$

换句话说，y_i^* 的所有负值都被定义为 0 值。我们称这些数据在 0 处进行了左截取，而不是把观测不到的 y_i^* 的所有负值简单地从样本中除掉。而在调查数据中发现，有些年纯收入为负，即当年组织亏损，这时我们就把它们定义为 0①，所以因变量是大于等于零的限制变量，采用 Tobit 模型进行分析，模型的基本表达式如下：

$$y = \alpha + \beta_1 X_1 + \beta_2 X_2 + \beta_3 X_3 + \beta_4 X_4 + \beta_5 D + \varepsilon \tag{3}$$

① 由于本研究采取的 Tobit 模型，因此对那些经营亏损的组织，该模型并不是把所有的负值简单地从样本中剔除，而是进行了左截取，因此因变量所有的负值都取值为 0。

在（3）式中，y 为农村农民专业合作经济组织的年纯收入（$y>=0$），α 是模型的常数项，β 为待估的系数，自变量 X 包括：组织内部主要管理人员的个人特征（X_1）、组织规模（X_2）、机构建设（X_3）、外部资金因素（X_4）、虚拟变量（D），其中虚拟变量（D）表示是否与 WUA 相互配合。模型变量的统计性描述见表 6.2。

表 6.2 模型变量的统计性描述

变量名称		变量定义	平均值	最大值	最小值	标准差
因变量	经营绩效（y）	年纯收入（元）	34 668.42	168 000	0	46 428.92
个人特征（X_1）	年龄（X_{11}）	年龄（年）	42.42	52	32	4.717 7
	受教育年限（X_{12}）	受教育年限（年）	10.315	16	5	2.517 7
组织规模（X_2）	会员数（X_{21}）	会员数（户）	608.63	2 896	15	858.35
	辐射农户（X_{22}）	辐射农户（户）	4 350.37	28 629	50	6 634.41
	年固定资产（X_{23}）	年固定资产（元）	139 526.3	800 000	5 000	162 488.2
机构建设（X_3）	管理费用（X_{31}）	管理费用（元）	4 031.58	220 000	8 000	52 454.61
外部环境因素（X_4）	政府支持（X_{41}）	政府支持（元）	74 210.53	430 000	0	112 709.8
	银行贷款（X_{42}）	银行贷款（元）	23 684.21	250 000	0	65 337.63
	他人捐赠（X_{43}）	他人捐赠（元）	26 315.79	300 000	0	75 218.98
虚拟变量	与 WUA 配合与否（d）	1=是，0=否	0.578 9	1	0	0.507 2

表 6.2 可见，39 家农村农民专业合作经济组织中年纯收入最高的为 168 000 元，最低的为 0，即部分合作组织还存在亏损，平均年纯收入为 34 668.42 元，虽然相对于苏北农村的年均纯收入水平已经相当不错，但可以看到组织之间的差距较大。在主要管理人员当中，最大的 52 岁，最小的 32 岁，平均年龄为 42 岁，同时这群人中受教育程度最高的为 16 年，即具有大学本科学历，受教育程度最低的 5 年。在外部资金的支持方面，有政府支持、银行贷款、他人捐赠等，其中最大值分别为 430 000、250 000、

300 000，最低值均为 0，这显示了苏北地区的大量农民专业合作经济组织缺少外部资金的支持。同时从三者的均值来看，政府支持、银行贷款、他人捐赠分别为 74 210.53 元、23 684.21 元、26 315.79元，可以看出，在外部资金方面，政府支持处于首要地位，而银行贷款处于最低水平。

6.4 实证结果及分析

从表 6.3 的模型估计结果可以看到，显著影响农民专业合作经济组织绩效因素有：主要管理人员的年龄、受教育程度以及组织规模的会员数和辐射农户数、是否与 WUA 相互配合。

表 6.3 农村农民专业合作经济组织绩效的影响因素估计结果

变　量	系　数	Z值	P值
C	−99 494.44*	−1.892 489	0.058 4
组织主要管理人员个人特征（X_1）	—	—	—
年龄（X_{11}）	−1 051.199*	−1.959 346	0.049 4
受教育年限（X_{12}）	5 094.090*	1.956 985	0.050 3
组织规模（X_2）	—	—	—
会员数（X_{21}）	38.129 58***	4.338 590	0.000 0
辐射农户（X_{22}）	6.730 162***	6.658 516	0.000 0
年固定资产（X_{23}）	0.008 840	0.374 195	0.708 3
组织建设（X_3）	—	—	—
管理费用（X_{31}）	0.038 440	0.361 543	0.717 7
外部资金因素（X_4）	—	—	—
政府支持（X_{41}）	−0.004 248	−0.084 706	0.932 5
银行贷款（X_{42}）	−0.301 373	−1.113 590	0.265 5
他人捐赠（X_{43}）	0.002 605	0.035 382	0.971 8
虚拟变量（d）	—	—	—
与 WUA 配合与否（d）	47 222.52***	4.413 369	0.000 0

注：*、**、***分别表示各变量在 10%、5%、1%水平下显著。

主要管理人员的年龄系数为负，受教育程度的系数为正，验证假说 2，苏北地区的农村农民专业合作经济组织的主要管理人员的年龄对组织的绩效产生负向影响，主要管理人员的受教育年限对组织的绩效变化将产生正向影响。

苏北农民专业合作经济组织的会员数与所辐射的农户数的系数都为正，且系数在 1%的水平下显著，验证理论假说 3，二者在一定程度上对组织的绩效都产生正向影响。

实证结果表明是否与 WUA 加强配合这一外部因素对农民专业合作经济组织的绩效产生重大影响，其系数为正，而且在 1%的水平下显著，表明加强农民专业合作经济组织与农民用水者协会的配合将有利于合作组织的发展，验证理论假说 1。

农民专业合作经济组织的年固定资产、管理费用、政府支持、银行贷款以及他人捐赠未能通过显著性检验。究其原因，年固定资产是当年的投入，而其具有滞后效应，因此发挥的作用不能在当年的绩效变化中显示出来；而外部资金的三个变量主要是样本量少所致；此外，管理费用对农民专业合作经济组织的绩效也不能够产生影响。主要原因是对组织机构的管理，其效应发挥也具有一定的滞后性，并不能立竿见影地显现出来。

6.5 本章小结

本章利用调查的江苏省 39 家农民专业合作经济组织的相关数据，采用 Tobit 回归法实证分析农民专业合作经济组织的绩效。结果表明，合作组织主要管理人员的年龄、受教育程度以及组织的规模，包括会员数和所辐射的农户数，是否加强与 WUA 的相互配合，均对农民专业合作经济组织的绩效产生显著影响，在此分析基础上提出相关的政策和建议：

（1）加强农民专业合作经济组织与农民用水者协会（WUA）之间的相互配合。由于大多数农民专业合作经济组织都是以蔬菜、水果、花卉、药材等农作物为主导产品的经济实体，它们在生产过程中与水资源有着千丝万缕的联系，就必然跟农民用水者协会产生密切的联系。加强二者之间的配合，不仅能节约农户生产过程中的时间成本，而且能有效节约水资源，使得组织之间的发展相辅相承。

（2）提高农民专业合作经济组织成员的素质。实证结果表明农民专业合作经济组织的主要管理人员受教育年限对组织的绩效具有正向影响。而在被调查对象中，组织者和领导者整体文化水平不高，素质较低，缺乏现代生产技术和经营管理经验，对新技术的接纳和推广能力较差；会员农户的素质明显偏低，导致农产品科技含量不高，制约了农民专业合作经济组织的发展壮大。因此必须加强对组织成员的文化素质的培养和科技知识的培训，使管理骨干及普通成员适应现代农业生产发展的要求，能够把握市场经济规律，以市场需求为指引科学安排生产，掌握科学种植技术，并提高农民的合作意识和风险意识。

（3）扩大农民专业合作经济组织规模。实证研究以农民专业合作经济组织的成员数、辐射农户数来衡量组织规模，结果表明组织规模对于其绩效具有显著的正向影响。而在被调查的农民专业合作经济组织中，大部分组织规模小，产品难以形成较强的规模优势；部分组织辐射效应小，成员局限于本村或本乡镇，一方面导致信息获取渠道相对较窄，另一方面难以大幅增加组织的自有资金，不利于组织的可持续发展。因此，各农民专业合作经济组织应当适时地根据自身发展需要，打破地域限制，扩大组织规模，壮大自身实力。

（4）继续加强农民专业合作经济组织的机构建设。尽管衡量组织机构建设的指标管理费用在实证分析中未通过显著性检验，但这并不表示机构建设对于组织绩效没有影响，因为完善组织机构建设的效应是滞后的、长期的，它对于农民专业合作经济组织的长期发展必然具有积极的推动作用，因此是不容忽视的。

第七章　案例分析——江苏省典型农民专业合作经济组织

为了推动江苏省乃至全国农民专业合作经济组织的发展，有必要分析现有的不同类型的合作组织之间的差异，找出各种发展模式存在的优势和缺陷。因此，本研究在江苏省各地区选取一些比较规范的、富有代表性的农民专业合作经济组织进行典型调查和案例分析，按照行业性质和发起动因两种分类方式，从合作组织内部的运行机制、内部利益联结机制等特征入手，对各种类型的农民专业合作经济组织进行归纳总结，以寻求我国农民专业合作经济组织发展的可能途径。

7.1　按行业性质分类的农民专业合作经济组织

农民专业合作经济组织有多种分类方式，在本节主要按行业性质进行分类，并对具有代表性的农民专业合作经济组织进行具体的案例分析。经统计，江苏省的农民专业合作经济组织主要分为以下几类：种植业类型、养殖业类型、加工业类型。

7.1.1　案例一：种植业类型的农民专业合作经济组织

1. 宜兴市项珍茶叶农民专业合作社

（1）基本情况。宜兴市项珍茶叶合作社成立于2006年1月，注册资本200万元，茶园2 000多亩，茶厂占地面积30 000多平方米，拥有标准化厂房、仓库5 000平方米，加工机械设备先进、齐全，加工技术精湛，实现粗精制联合，红茶、绿茶并重，年加工能力能力达 3 000 吨以上，合作社现有职工 350 人，产业生产期用工 2 000 余人，是劳动密集型企业。合作社采取“合作社+茶场”的联结机制，现有入社社员 1 810 个，带动农户 6 000户，现有签约茶园基地达 35 000 多亩、省商检备案基地 1 850亩，出口产品有绿茶、红茶、名茶三大类几十个品种规格，产品主销、欧美等国家和我国香港地区。

（2）运营状况。宜兴市项珍茶叶合作社是宜兴茶叶行业的领头雁，也是省茶叶行业的佼佼者。2006 年通过了 QS 认证、有机食品（茶叶）认证，取得了中华人民共和国卫生注册证书、自理报检单位备案登记证明书，2007 年进行了 HCCP 食品安全体系认证。合作社技术力量强大，科技水平高，产品质量优。2007 年度实现外贸自营出口 217 美元，2008 年度实现外贸自营出口 381 美元，名列江苏茶叶行业外贸出口首位，被无锡市评为“农业产业化龙头企业”。

宜兴市项珍茶叶合作社坚持外拓市场内抓管理，将产品质量当作企业的生命线，坚持向管理要效益，制订了从合作社社长到科室班组的生产责任制和安全生产控制措施，具有完善的质量控制体系、产品质量安全体系、农业投入品控制体系等。合作社每年投入 200 万元用于茶园防护林隔地带建设、肥药管理房建设、茶树换种改植等基础设施建设，提高茶场基地茶叶生产水平。同时，加强对生产管理人员、技术推广人员、企业食品安全质量监督员的培训，做到持证上岗，每个基地统一配备足数的专职植保员等，使生产操作规程得以落实，并建立茶叶质量可追溯体系。

在市场方面，合作社按照客户订单要求，对基地进行风险评估，以欧盟客户订单为高风险产品，香港、美国订单为二类产品，针对不同客户订单选择不同基地生产。目前，合作社对备案基地的管理采取参股经营的方式，并指定专人管理生产。对签约茶场基地做到六个统一，即农业投入品统一、统一植保、统一采摘、统一收购、统一加工、统一农残检测，建立从种植、生产、加工全过程质量安全控制，以防御出口质量风险。

（3）利益联结机制。宜兴市项珍茶叶合作社立足茶叶加工、出口的优势，采取“合作社＋茶场”的联结机制，积极发展订单茶叶、高效茶叶、规模茶叶，实现茶叶种植、加工、出口一条龙，实现农业产业化、集约化、外向型经营。在与基地茶场签约的同时，合作社对基地茶场强化服务，规范操作，积极探索茶场基地管理模式。本着让利给茶场基地的原则，合作社对茶场基地的鲜叶进行保护价收购，采取保护价加浮动价、优质优价、适当提价等方法，增加茶场基地收益。这种方法充分调动了签约茶场基地的生产积极性，有效地强化了合作社与基地茶场的联结关系，既促进合作社规模化发展，又促进茶叶增效、茶场增收，同时解决了大量的农村剩余劳动力，实现了合作社和茶场的双赢。

（4）合作社建立的必要性。成立项珍茶叶合作社，一方面是为适应目前茶叶市场发展的需要，另一方面是实现可持续发展的需要，此外，也是实现农民增收、农业增效的客观要求。

首先，茶叶既是我国人民的生活日常消费品，也是我国重要的传统出口农产品，常年出口接近我国茶叶总量的三分之一。目前，农药残留、重金属含量和有害微生物构成的茶叶安全问题已成为影响茶叶销售的一大瓶颈。国际市场上，欧盟对中国茶叶设置了非关税的苛刻贸易壁垒，执行更为严格的检测标准，个别农药残留量指标达到仪器可检测的最小值，检测项目也增加到了134个。国内市场上，农产品的质量安全日益重要，质量技术监督部门逐步加大对茶叶质量安全的监管力度，确保茶叶质量安全。合作社的建立可以应用茶叶高新技术成果，从改善茶园生态环境着手，无害化生产、清洁化加工，加快推进农业生产标准化、规范化、产业化。

其次，合作社适应农业生产优质、高效、安全的要求，立足于“整体、协调、循环、再生”的生态经济原理，因地制宜，发挥资源优势，山、水、园、林、路综合规划，控制农药、化肥用量，将整个茶叶生产链延伸至产前的基础设施、生态环境建设与产后的都市农业、观光旅游产业，促进农业可持续发展。

再次，通过合作社的建立，尤其是重点项目的建设，能够解决宜兴4 000多吨中低档茶叶的销路，增加经济收入5 000万元，增加农村劳动力的就业机会，对致富农村、农业增效，农民增收具有重要作用。

（5）合作社建立的优势。项珍茶叶合作社的成立具有明显的区域产业优势以及政策优势。

首先，区域产业优势显著。宜兴位于江苏省南端，东临太湖，西枕天目山余脉，属北亚热带南缘季风气候区，农业气候的特点四季分明，气候温和，年平均气候15.7℃，雨量丰沛，年降水量1 177毫米。南部丘陵山区土壤肥沃深厚呈酸性，光温水配置适宜，产茶历史悠久，是历史闻名的唐贡茶区。现有茶园7.5万亩，年产茶6 500吨，产值近3亿元，是全国重点产茶县之一，全国首批20个无公害茶叶生产示范基地，全国首批14个被授予名茶之乡称号的产茶强县之一。宜兴茶叶生产比较效益高，是高效农业的龙头产业，区域特色明显。

其次，具有政策优势。宜兴市项珍茶叶合作社的建立符合国家产业政策，与党的十七届三中全会和省十一届五次全会精神相符，是进一步推进江苏省农产品出口振兴计划的重大举措，是全面推进外向型农业建设，实现农业结构优化，提高江苏省出口农产品质量安全水平，增强出口农产品国际竞争力的重大战略。

2. 泰兴市溪桥蔬菜种植专业合作社

（1）专业合作社的建立。泰兴市溪桥蔬菜种植专业合作社，属于龙头企业领办型的合作经济组织。公司的总经理兼任该合作经济组织的理事长。理事长的入股股金为30万元，占总注册资金的近1/5，该合作组织于2006年7月1日在工商部门注册登记，注册资金为158万元人民币，入股成员9人，现有社员412人，管理人员6人，聘用技术人员26人（其中高级职称2人，中级职称 8 人)，带动农户数 1 857 人。主要经营范围为蔬菜种植与销售、为成员提供技术指导和服务。该合作组织主要产品为四季韭菜，种植面积达到 2 000 亩。合作社实行“合作社＋基地＋社员”的紧密型种植销售模式，利润实行分红制。

2008 年合作社资产总额达到 390.80 万元，其中，固定资产 195.65 万元，流动资产 195.15 万元，负债总额 190 万元，所有者权益 200.80 万元，实收资本 5.65 万元。2008 年合作社销售量达到 12 600 吨，收入 1 020.60 万元，经营支出 559.91 万元，净利润达到 447.43 万元。据相关资料统计，该合作社所处的项目区人均收入增长 255 元，加上项目区土地流转后分离劳动力搞第三产业所得的报酬，全年人均收入可增加 1 179 元，合作社的建立带来巨大的社会效益。

(2) 运行机制。合作社每年召开一次成员大会。成员大会由理事会负责召集，并提前 15 日向全体成员通报会议内容。但如果由 30％以上的成员，或执行监事会、理事会提议，合作社可以在 20 日内召开临时成员大会。

成员大会须有合作社成员总数的 2/3 以上出席方可召开。成员因故不能参加成员大会，可以书面委托其他成员代理。一名成员最多只能代理一名成员表决。成员大会选举或者做出决议，须过合作社成员表决权总数的半数方可通过；对修改合作社章程、改变成员出资标准、增加或者减少成员出资，合并、分立、解散、清算和对外联合等重大事项做出决议的，须经成员表决权总数 2/3 以上的票数通过。

(3) 利益联结机制。合作社从当年盈余中提取 5％的公积金，用于扩大生产经营，弥补亏损或者转为成员出资；从当年盈余中提取 2％的公益金，用于成员的技术培训、合作社知识教育以及文化、福利事业和生活上的互助互济。其中，用于成员技术培训与合作社知识教育的比例不少于公益金额的 20％。合作社接受的国家财政直接补助和他人捐赠，均按合作社章程规定的方法确定金额入账，作为该合作社的资金，按照规定用途和捐赠者意愿用于合作社的发展。

在扣除当年生产经营和管理服务成本、弥补亏损、提取公积金和公益金后的可分配盈余，经成员大会决议，按照下列顺序分配：首先是按成员与本社的业务交易量（额）比例返还，返还总额不低于可分配盈余的60%，其次在按前项规定返还后的剩余部分，以成员账户中记载的出资额和公积金份额，以及合作社接受国家财政直接补助和他人捐赠形成的财产平均量化到成员的份额，按比例分配给合作社成员，并记载在成员个人账户中。合作社如有亏损，经成员大会讨论通过，用公积金弥补，不足部分可以用以后年度盈余弥补。合作社的债务用公积金或者盈余清偿，不足部分依照成员个人账户中记载的财产份额，按比例分担，但不超过成员账户中记载的出资额和公积金份额。

调查显示，该合作社是一个较为规范的龙头企业带动型合作经济组织，合作社内部的资产负债表以及盈余分配表较为详细，但仍有待完善。通过合作社这个平台，农民可以获得稳定的产品货源和销售渠道，同时能够获取先进的的种植管理及其他技术信息，使农民增收得到强有力的保障。

3. 宿迁市江鹏无公害稻米合作社

（1）基本情况。宿迁市江鹏无公害稻米合作社，于2004年3月经宿豫区农工办批准成立，2004年6月24日在宿迁市宿豫区工商分局注册登记。项目区位于宿迁市宿豫区侍岭镇境内，地处宿豫、沭阳两县交接处，由于地理位置较为偏僻，境内基本没有工业，因此土地、环境无工业污染，发展绿色水稻基地具有得天独厚的基础条件。项目区环抱于宿豫区东北部万亩无公害优质水稻生产基地，是江苏省优势农产品农业化发展规划区。项目区涉及总人口为1 300人，基本为农业人口，经济收入基本以农业生产及外出务工为主。2008年度农民人均纯收入为4 854元，稍低于全区平均值。通过项目的建设，将建成优质绿色稻米基地

2 000亩，亩均增产水稻 80 千克、小麦 50 千克，按现行绿色大米价格计算，每年亩均新增产值 400 元，累计增加农民纯收入 80 万元左右。

（2）资金来源。江鹏无公害稻米合作社运行资金来源包括社员股金、开展经营活动的收入、提留风险金和发展基金、银行贷款、政府及有关部门的扶持资金、捐赠等。

该合作社的自有资金来源主要包括社员会费、社员股金、合作社会费每年度从结余中提留的公积金、公益金、教育基金、风险基金等，以及其他自有资金。每个社员会费每年 10 元，会费不足时，经社员大会讨论决定，可以补交一定数额的会费。合作社初次筹集的股金总额为 160 000 元，每股金额为 500 元，每个社员最多只能认购 2 股，社员可以以资金、技术、实物、土地承包经营权等入股，社员的股份采用记名方式登记，由合作社出具股权证明，作为分红的依据。外援资金主要包括兴办经济实体的利润收入、接受的捐赠款、政府和有关部门的扶持资金。合作社社长通过土地入股和现金入股的形式建立与合作社紧密的利益联结关系，其中土地入股 7 000 亩，现金入股 32 万元。2007 年合作社收购社员水稻 5 489 吨，实现利润 43.26 万元，按股分红 4.96 万元，按交易量返利 28.33 万元；2008 年收购社员水稻 5 696吨，实现利润 49.87 万元，按股分红 5.12 万元，按交易量返利 31.44 万元。合作社建设 2 000 亩优质绿色稻米基地的项目总投资 182 万元，其中财政投资 140 万元，合作社自筹 42 万元，主要用于农田的基础设施建设、科技培训等，其中水利设施投资 110.1 万元，农业设施 36 万元，科技设施 31 万元，项目管理费用为 4.9 万元。

（3）组织管理机制。宿迁市江鹏无公害稻米合作社全部财产归全体社员所有，利益共享，风险共担，入社自愿，退社自由；其宗旨是为社员提供生产、营销、技术等方面的服务，维护社员的合法权益，增加社员的经济收入，不以盈利为目的。自创立起，坚持“民办、民管、民受益”的原则，实行民主管理，自主经营，盈余返还，社员享受平等权利，并且制定了规范的章程，有健全的理事会、监事会机构和财务管理、产销管理、收益分配、生产技术标准集规程等制度。合作社委托镇农经中心进行会计代理，有明晰的产权结构，独立的会计核算体系，独立的银行账户。

江鹏无公害稻米合作社社员分为个人社员和团体社员。凡从事与无公害水稻生产经营项目的农民或相关事业的个人，年满18周岁，具有民事行为能力，承认并遵守合作社章程的，即可申请作为个人社员；从事相关事业的组织可以申请作为团体社员。由本人和相关组织提出书面入社申请，并经理事会审查批准，即成为合作社社员。从事相关事业的非农民身份社员不得超过社员总数的10％。

合作社设立社员大会、理事会、监事会。社员大会是该合作社的最高权力机构，由全体社员组成。无法召开社员大会时，可召开社员代表大会，履行社员大会职权。社员代表由社员直接选举产生，代表人数不应少于成员人数的1/5。社员大会每年召开1～2次，且应有2/3以上社员出席。理事会是该合作社的执行机构，理事由社员大会选举产生。理事会由理事7人组成，理事会选举理事长1人，副社长2人。理事任期三年，可连选连任。理事长为该社的法定代表人。监事会是该合作社的监察机构，代表全体社员监督和检查理事会的工作，监事由社员大会选举产生。监事会由3人组成，监事会选举监事长1人。监事任期三年，可连选连任。监事会由监事长召集，2/3以上的成员出席才可召开。会议决议以书面形式通过理事会，且理事会接到通知10日内作出响应。理事会与监事会的成员不能相互兼职，理事的近亲属及该社职工都不能担任监事。该合作社现有理事会成员7人，监事会成员3人，社员986人，其中社员代表69人。

江鹏无公害稻米合作社表决实行一人一票制。社员因故不能到会的，可以书面委托其他社员代理，一个社员最多只能代理两名社员。各项决议必须有出席会议半数以上的社员同意，才可生效。“一人一票”的表决方式是经典合作组织的一贯原则，保证了合作组织成员民主权利的实现；合作社的理事会负责经营业务，保护合作社所有财产，实行充分协商一致的原则，对生产经营计划、人事和财务管理等重大事项由理事会集体讨论，并经2/3以上理事同意才可形成决定。理事会开会可以邀请监事、社员代表列席，但列席者无表决权；监事会的各项决议应当经半数以上监事同意才能生效。监事个人对某项决议有不同意见时，将其意见记入会议记录。

（4）经营服务方式。江鹏无公害稻米合作社根据生产经营发展及社员的需要，以社员为主要对象，开展以下服务：对社员进行技术指导和服务，引进新技术、新品种、开展技术培训、技术交流活动，组织经济、技术协作；兴办社员生产经营所需要的加工包装、储藏运输、贸易、交易市场等经济实体，推进农业产业化经营；采购和供应社员所需的生产资料和生活资料；收购和推销社员生产的产品；向社员提供有关科学、市场、经济信息；提高合作社农产品质量安全，开拓新的品牌；承担国家、集体或个人委托的科研项目和有关业务。

此外，经社员大会讨论通过，合作社也可以与其他国有、集体、个人、外资等经济实体进行股份合作；接受与合作社专业有关的单位委托，办理代销等业务；对外签订合同，开展与企业、科研单位及其他经济组织的合作；办理本社成员的文化、福利事业，培养互助合作精神。

（5）利润分配机制。农民专业合作经济组织通过经营业务产生的收入扣除必须的管理开支和公共积累后，合理有效地分配利润或盈余部分，才能使合作组织有序运行，保障社员的利益。

江鹏无公害稻米合作社按照日历年度对技术与经济服务活动实行会计核算。理事会在每月（或每一季度）初将上月（或上一季度）财务收支情况向社员公布一次，并及时解答社员提出的问题。理事会于每年 1 月 31 日前向社员大会提供上年经监事会审计的资产负债表、损益表、财务状况变动表等，同时提出下年度的财务支出预算，交社员大会讨论，经理事会审查批准后执行。合作社按税后利润 5%的比例提取公积金，用于扩大服务能力或弥补亏损；按税后利润 5%的比例提取公益金，用于文化、福利事业；按税后利润一定比例提取教育基金，用于社员培训；按税后利润一定比率提取风险基金，用于社员生产、营销遭受重大经济损失的补贴。对于社员的股金分红，股息一般不高于同期银行存款利率。此外，按照社员对合作社的贡献量，包括交易量和利用合作社设施多少等向社员返还利润。具体项目和提取比例以及分配数额，由理事会提出方案，社员大会讨论决定后实施。

7.1.2 案例二：养殖业类型的农民专业合作经济组织

1. 淮安市淮阴区君泰畜禽养殖专业合作社

（1）基本情况。淮安市淮阴区君泰畜禽养殖专业合作社，前身是淮阴区刘老庄乡家禽营销协会，于 2005 年 6 月在区民政局领取社会团体法人登记证书，经淮安市君泰食品公司董事长黄军根等 5 人发起，经过前期大量的准备工作，于 2008 年 9 月 22 日召开设立大会，成立淮安市淮阴区君泰畜禽养殖专业合作社，2008 年 11 月在淮阴市工商局领取营业执照。淮安市淮阴区君泰畜禽养殖专业合作社属于养殖类的龙头企业带动型合作社。

（2）合作社规模。淮安市淮阴区君泰畜禽养殖专业合作社成立的基础和核心是淮安市君泰食品有限公司，淮安市君泰食品有限公司一期项目占地 30 亩，公司集肉鸭孵化、养殖、屠宰、分割、冷冻、销售为一体，设计生产能力为每天屠宰 4 万只，年销售额可达 2 亿元，年利税 400 余万。现已新建养殖大棚 700 多个，另有 300 个大棚正在积极筹备当中，公司 2008 年屠宰量达 500 万只。

（3）内部联结机制。淮安市淮阴区君泰畜禽养殖专业合作社在人员结构安排上较为合理，该社设理事长、副理事长各 1 名，理事长为合作社法定代表人，理事会由 5 名成员组成，对成员大会负责。合作社的法人代表凭借过硬的技术，曾先后任职于无锡家禽制品总厂技术员、内蒙古塞飞亚食品有限公司技术经理、山东顺达仁诚食品有限公司技术总监、淮安市君泰食品有限公司董事长，并且由于其工作业绩突出，于 2007 年和 2008 年分别担任淮阴区人大代表和淮阴区科协常委。合作社目前拥有专业技术人员 32 名，专业涉及家禽育种繁殖、疫病防治、环境保护等多个领域，其中具备中高级职称的有 19 人。

公司采取“公司＋合作社＋基地＋农户”的经营模式，在商品肉鸭养殖的每一个环节，严格贯彻统一鸭苗、统一饲料、统一防疫、统一用药、统一屠宰的“五统一”生产管理体系。合作社与公司及农户采取无缝对接，合作社与社员签订回收合同，保证农户每只肉鸭 1.5 元以上的纯利润。当地的养殖户得到实实在在的实惠，合作社的运作模式得到养殖户的认可，养殖户的热情被进一步激发，养殖规模呈现裂变式扩展。合作社已经与刘老庄及周边地区近 300 户农民签订养殖合同，范围涉及刘老庄乡所有自然村，同时辐射至周边乡镇棉花、徐溜、老张集、五里及涟水、高沟等部分乡镇。

另外，合作社还充分利用刘老庄乡的资源优势，抢抓省市区扶贫机遇，以扬州大学为技术支撑，采取民主参与，合作经营，利益共享，风险共担，权利平等机制，积极引导农民肉鸭养殖走上规模化、高效化、产业化之路，以市场为导向促进产业结构的优化组合，形成以加工带生产，以旺销促加工的良性产业循环链条，提高刘老庄乡肉鸭养殖产业的经济效益和社会效益，打造淮安市乃至江苏省肉鸭养殖的龙头产品，加快当地农民的脱贫致富，促进农业和农村的发展。

（4）财务状况。淮安市淮阴区君泰畜禽养殖专业合作社的主营业务包括饲料加工生产、销售，肉鸭养殖、销售等。合作社经营状况良好，截至 2007 年底，合作社资产总额为 202.15 万元，固定资产净值为 105.95 万元，流动资产为 96.20 万元，负债总额为 83.75 万元，实收资本为 100 万元，净利润 18.40 万元，资产负债率 41.4%。到 2008 年底，合作社又得到进一步的发展，资产总额为 288.62 万元，固定资产净值为 186.12 万元，流动资产为 94.4 万元，负债总额为 160.52 万元，净利润 17.87 万元，资产负债率为 55.6%。从上述数据可以看出，淮安市淮阴区君泰畜禽养殖专业合作社的资金流动情况良好，资产负债比率适当。另外，合作社对于不同来源的资金，根据其来源渠道不同分别建立明细档案，分户管理，独立核算，制定严密的资金使用计划，合理安排和使用资金，财务制度健全，对购置的资产设立明细账目，把有限的资金用在刀刃上，杜绝一切不合理的开支。

(5) 合作社建立的必要性及优势。近年来，随着农业经济结构的战略性调整，包括猪、牛、羊、兔、犬、鸡、鸭等诸多养殖项目的养殖业日益成为淮阴区农村的支柱产业。其中的肉鸭养殖发展迅猛，在其带动相关产业发展、促进农民增收的过程中，面临着饲料供应不足的问题。很多养殖户或养殖企业由于缺乏稳定规模的肉鸭饲料来源，需要从外地饲料厂采购，大大增加了养殖成本。通过建立合作社，肉鸭养殖、屠宰销售为一体的产业链向上游延伸到饲料加工成为可能，饲料厂的建设同时能够带动种植业生产结构的调整，使得成本控制更具有市场主动性，大大减少养殖户的养殖成本，进而提高产品的市场竞争力，优化产业结构，促进农民增收。因此，合作社的建立是优化地方产业结构，提高肉鸭养殖市场化、组织化程度，促进农民增收的必然要求。

同时，合作社的建立具有优厚的资源优势。首先是自然资源优势，淮阴区是全国商品粮基地，具有良好的自然生态环境，气候宜人，光照充足，大气、水源及土地无污染，适宜发展养殖业，具有生产绿色畜禽产品的得天独厚的自然条件。其次是人力资源优势，淮阴区是农业大区，有20多个乡镇、70多万农业人口，农村剩余劳动力数量多，居住分散，适宜从事畜牧业生产。区内拥有畜牧兽医科技人员80多人，专业涉及家禽生产、疫病防治、环境保护等多个领域，这些人员具有从事肉鸭生产的成功经验，具备了肉鸭引种、饲料生产及商品鸭饲养的能力。此外，合作社以扬州大学、南京农业大学、江苏畜牧兽医职业技术学院为技术依托，为其成立和发展提供了充足的科技人力资源。

（6）专业合作社主要障碍及解决方案。合作社的发展过程中面临着诸多障碍。一是饲料生产能力不足。随着肉鸭养殖规模的不断扩大，该合作社的300多户1 000多名农民的全年饲料用量约为50 000吨，加上广西桂林柳家禽有限责任公司等大型企业登陆淮安以后，原有的饲料生产能力已不能满足养殖业的需要。二是资金投入不足。由于建设资金缺乏，地方财力薄弱，投资融资机制不够健全，对农业产业投入缺乏有力支撑。三是管理和技术水平较低。当前肉鸭产业的发展已经进入了一个依靠技术投入的阶段，技术水平高、饲料配方合理、养殖结构优秀的方能占领市场。而目前由于缺乏鸭饲料营养价值评定表和肉鸭饲养标准，肉鸭饲料部分仍停留在农户自配的基础上，缺乏科学的饲料营养数据，导致专业化生产和规模化经营程度都不高，市场竞争力弱，影响了肉鸭养殖的经济效益。

对于饲料生产能力不足的问题，可以加大肉鸭饲料厂的建设。通过淮安市淮阴区君泰畜禽养殖专业合作社的成立，改善肉鸭的饲料转化率，提高其生产性能，既满足当地农民肉鸭养殖的需求，又可以通过市场扩张，满足周边城市养殖户的需求。

对于资金投入不足的问题，尤其需要政府加大资金的扶持力度。首先是金融机构特别是农村信用社应成为投资建设的主体，根据畜牧业周期性强，资金周转慢的特点，延长贷款周期。跨年度的贷款，采取结息换据的办法，将贷款转贷下年，减轻养殖户资金周转的压力。其次是鼓励采取合资、合作的方式，积极引导社会资金进行肉鸭饲料加工厂的建设；最重要的是争取政府部门的扶持资金，以有限的资金发挥出最大效应。

针对管理和技术水平低的问题，应进一步加强与大专院校、科研院所的技术合作，聘请专家、学者为技术顾问，依靠科技改良发展传统产业，为合作社的建设和产业发展提供强有力的技术后盾。通过提高产品的技术含量，增强产品的竞争力，拓展销售市场。

2. 南京市黑玉特种家禽养殖专业合作社

(1) 基本情况。南京市黑玉特种家禽养殖专业合作社，位于溧水县洪蓝镇蒲塘，是主要从事特禽养殖及禽肉制品深加工的南京市民营科技企业。南京市黑玉特种家禽养殖专业合作社于2007年10月在溧水县工商局依法登记，领取了《农民专业合作社法人营业执照》，取得法人资格。南京市黑玉特种家禽养殖专业合作社属于养殖类龙头企业型合作社，现有青壳蛋鸡生态养殖示范基地3处，青壳蛋鸡存栏量3万多羽，现有社员113人，带动辐射农户500户，社员和农户养殖青壳蛋鸡存栏量12万羽。

黑玉特种家禽养殖专业合作社具有一支有较高知识结构以及较高技术水平配备的人才队伍。合作社的法人代表毕业于南京农业大学，高级农艺师，他同时兼任合作社的社长，长期从事特禽养殖管理养殖管理工作和产品开发，具有较高的学术水平、良好的职业道德和较强的组织、管理协调能力。2003年获“南京市劳动模范”称号，2004年获“江苏省农村青年创业致富带头人”称号，2005年获“南京市科教兴农标兵”称号，2006年先后被中华全国供销合作总社和国家科学技术部评为“全国供销合作社系统技术能手”和国家“星火科技二传手”，2007年被江苏省人才工作领导小组办公室选为江苏省“高层次创业创新人才（优秀人才）培育计划”培训对象。在合作社的20多名职工中，大专以上学历的科技人员达 75%，其中的大部分成员都具有多年的禽类养殖工作的实践经验，骨干成员都是懂特禽养殖技术与市场推广和经营的复合型人才。为了强化合作社技术力量，合作社常年聘请行业专家作顾问，并与南京农业大学、南京市家禽研究所和溧水县动物卫生监督所常年合作，确保特禽养殖、防疫技术及水平处于先进地位。2007 年，合作社被评为“南京市民营科技企业”，并被选为中国农产品流通协会常务理事单位；2008 年，被江苏省农林厅评为“省级四有示范农民专业合作社组织”。

（2）内部联结机制。2003 年，南京绿岛农业园有限公司从江西引进青壳鸡蛋，经过几年的繁育、提纯和复壮后获得成功，并进行小规模养殖。为了做大做强特禽养殖产业，2005 年 10 月，由南京市供销合作社资产经营管理中心等 21 位社员发起并入股 55 万元，组建成立南京市黑玉特种家禽养殖专业合作社，开始青壳蛋鸡规模化养殖。

目前，以南京市黑玉特种家禽养殖专业合作社为龙头的“合作社＋基地＋社员”的运行模式已初步形成。合作社为养殖户提供产前、产中、产后的全方位服务，做到统一提供鸡苗、统一饲料供应、统一养殖、防疫技术规程、统一回收产品、统一品牌销售。合作社拥有“黑羽”注册商标。在组织体制上，依照现代企业管理规范，制定合作社章程，设有理事会和监事会；在财务管理和盈利分配上实行单独核算，年终进行二次返利分配。

（3）合作社财务状况。合作社 2007 年资产总额 332.14 万元，流动资产 77.93 万元，实收资本 55 万元，营业利润率 9.4%，资产负债率 21.9%。2008 年，合作社实现销售收入 1 584万元，创利 116 万元，实现二次返利分配 46 万元。合作社的财务运行状况良好，盈利能力优良。

（4）在建重点项目。合作社现在的重点项目是溧水县 5 万羽青壳蛋鸡养殖基地扩建项目，该项目建设地点位于溧水县林场秋湖分场及洪蓝镇蒲塘村。合作社原养殖黑羽青壳蛋鸡 30 000 羽，项目扩建后新增养殖能力 20 000 羽。达产后，年新产青壳鸡蛋 300 万枚。该项目投资总资金 350.12 万元，其中建设投资 268 万元，流动资金投资 82.12 万元。资金来源包括申请财政补贴资金 80 万元，合作社自筹 270.12 万元。

（5）合作社建立的必要性。近年来，随着市场竞争的加剧和国家相关政策的调整，商品蛋鸡生产形成了农村千家万户的分散饲养、适度规模的家庭养殖场，以及规模化专业生产加工企业的三足鼎立格局。其中，前两类生产者占整个饲养总量的 76%，在某些地区这一比重更大。由此可见，农村家庭蛋鸡对我国的蛋鸡业发展仍具有决定性影响。而无论是一家一户式的小规模养殖，或者适度规模的家庭养殖模式，普遍都存在养殖者文化层次低、专业水平严重欠缺、生产设备简陋、市场意识淡薄、养殖规模小等一系列问题，从而导致我国目前农村蛋鸡生产性能低下、管理粗放、环境恶劣、各种传染病频发等严重问题。同时，由于各个良种场的种鸡来源和饲养管理方式不同，导致我国市场上的蛋鸡品种繁多，而人们关注的焦点已不仅仅是蛋鸡产量，随着饲料营养及相关科学的发展，适应性、抗病力、蛋品质等都成为良种蛋鸡的衡量标准，既高产又高效、体型中等偏小、抗病力强、适应性强已成为优良蛋鸡的新特点。

鉴于以上问题的存在，客观上需要有农民自己的组织，对养殖户进行系统的专业理论知识培训，推广新的良种蛋鸡，努力提高养殖户的养殖水平。黑玉特种家禽养殖专业合作社采用“合作社＋基地＋社员”的养殖运行模式，为养殖户提供产前、产中、产后免费服务，做到统一提供鸡苗、统一饲料供应、统一养殖、防疫技术规程、统一回收产品、统一品牌销售。通过合作社引导，引进发展优质、高产、抗病力强的蛋鸡品种，保证种源，在一定区域内，有目的、有计划的培养养殖户，使之成为该区域的科学养鸡示范户和基层保健员，并通过他们来扩散和辐射，全面提高农村养殖户的饲养管理水平和常见疾病的防治、诊断能力，改善生产性能，提高蛋鸡生产经济效益，缩小与国际先进水平的差距，增强国际竞争力。

（6）合作社建立的优势。黑玉特种家禽养殖专业合作社建立和发展的优势明显，主要有资源和基础设施方面的外在发展条件的优势，以及政策、市场和科技等内在方面的发展动力。

溧水县土地面积1 067平方公里，属低山丘陵地区。境内丘陵起伏，河湖纵横，青山绿水，生态环境优良。项目所在地位居北亚热带季风气候区，气候温和、日照充足、雨量充沛、四季分明。该区年平均气温15.0℃，年湿度75%，最多降水日数122天，0℃以下30天左右，年平均日照2 077小时，年平均降雨1 100毫米。合作社所在区域的温度、光照、通风、水源可满足蛋鸡生长的需要。

同时，溧水县是江苏省南京市的近郊县，位于长江三角洲经济区，是百里秦淮的发源地，国家级生态示范县，距离南京46公里、上海260公里、南京禄口机场16公里，常溧公路、宁杭高速、宁高高速及老明公路等在此交汇贯通，距离南京新生圩港（万吨深水港）67公里，交通非常便捷，为合作社发展和项目的全面实施提供了良好的交通环境。随着人民经济收入的不断提高，在普通禽蛋产品需求逐步得到满足以后，人们对安全、滋补、保健性食品需求快速增加。尤其是南京、上海以及苏南等经济发达地区有着庞大的消费市场，居民对具有保健功能的绿色食品的接受程度越来越高，市场消费潜力巨大。合作社所生产的黑羽青壳鸡蛋销售有着十分明显的市场优势，有利于其树立品牌优势，提高市场占有率。

此外，南京黑玉特种家禽养殖专业合作社具有显著的人力资源优势。其大部分成员都具有多年的禽类养殖工作实践经验，骨干成员都是懂特禽养殖技术与市场推广和经营的复合型人才。同时，为了强化合作社技术力量，合作社常年聘请行业专家作顾问，并与南京农业大学、南京市家禽研究所和溧水县动物卫生监督所常年合作，在特禽养殖、防疫技术及水平等方面都处于先进水平。

溧水县国民经济和社会发展第十一个五年规划纲要明确提出，在“十一五”期间，农业要以市场化为导向，以产业化为重点，以农民增收为目标。要“全面推进农业标准化建设和加快有机、绿色和无公害农产品生产的步伐”；要“加大龙头企业的技改投入，积极推进适度规模经营，引导种养大户、运销大户等参与特色农产品基地建设和农产品加工流通等环节，培育具有竞争活力的市场主体，大力发展专业协会、合作社等农业合作经济组织，提高农民进入市场的组织化程度。”这使得南京黑玉特种家禽养殖专业合作社的发展具备充分的政策优势。

（7）合作社发展面临的主要障碍因素及解决方案。合作社面临的首要难题是家禽的疾病相对较多。在现阶段分散农户的小规模养殖，包括适度规模的养殖模式下，禽病的防治工作很难做到规范化、标准化。其次是受到国内饲养原料供应等相关因素的影响，产品价格具有一定程度的波动。

基于上述问题，首先应该建立科学严格的防疫程序，对基地和农户的鸡群定期进行监测，同时严格岗位责任制和管理措施，保证种鸡和商品鸡健康；针对产品价格的波动，应对市场需求进行科学预测，以市场需求为导向合理安排生产，确保合作社能得到应有的利润，同时利用合作社的技术力量，提高生产水平，降低生产成本，并实施品牌战略，提高产品市场占有率，保证销售利润。

3. 淮安市金湖县金子胡龙虾专业合作社

（1）基本情况。淮安市金子胡龙虾专业合作社成立于 2006 年 8 月。合作社成立时，严格按照规范化建设要求，做到章程规范、产权明晰、运行机制科学合理。2008 年，合作社养殖面积达 2 120 亩。合作社围绕龙虾的养殖、加工、销售，向成员提供各种服务，主要包括：对内，合作社统一引进良种，按统一标准科学指导成员养殖户养殖龙虾，定期不定期地举办各种技术讲座，为合作社成员养殖户提供相关信息，解决成员在生产中遇到的各种难题，目的在于有效提高龙虾养殖的质量和产量；对外，合作社以统一的品牌、统一的标准和价格销售成员养殖的龙虾，目的在于有效提高龙虾的市场竞争力和利润空间。

2006 年，由合作社的现任理事长牵头，与 150 多名龙虾养殖户联合成立了该合作社，从事龙虾养殖、加工、销售，积极探索出“合作社＋农户”的模式。该合作社理事长为经济师，大专文化。现有社员 166 户，其中单位成员一家——某野生食品厂，个人成员 165 个。合作社还带动周边农户 400 多户，较好地起到辐射周边农户的作用。个人成员中农民社员为 152 人，其中龙虾养殖户 128 人，从事龙虾销售的经纪人 24 人，技术、管理人员 13 人。从事技术和管理的社员，均为中专以上学历，其中大专以上 9 人。以上数据说明，该合作社的人员结构基本合理，属于整体文化素质较高的农民专业合作经济组织。

（2）经济效益分析。2007 年该合作社资产总额为 229.04 万元，固定资产为 206.26 万元，流动资产为 22.78 万元，净资产为 163.36 万元，负债总额为 65.68 万元，所有者权益为 163.36 万元，销售（营业）收入 787.35 万元，净利润为 102.55 万元、资产负债率 29％。2008 年该合作社的单位资产总额为 298.78 万元，固定资产为 231.72 万元，流动资产为 53.57 万元，净资产为 213.06 万元，负债总额 85.72 万元，所有者权益为 213.06 万元，销售（营业）收入 892.34 万元，净利润为 79.45 万元、资产负债率为 28.7％。

合作社年均按保护价收购成员养殖的龙虾 300 吨，平均每吨比市场价高 800 元。在市场竞争激烈、相互压价的情况下，该合作社通过设立专卖店、专营店、代销店等，及时将龙虾销售出去，取得了较好的效益，得到合作社成员的一致好评和信任。2008 年初合作社新上了年产 30 吨真空包装龙虾项目，使得销售渠道拓宽、利润空间大幅提升。同时，合作社注重与技术部门的交流，及时了解市场信息与先进技术，探索更为科学的龙虾养殖技术，及时向成员养殖户传递信息。与此同时，合作社还将一些实用技术传播给非合作社养殖户，先后有400多名非成员养殖户从中受益。合作社成员除产品销售所得外，2007年和2008年人均分别获得962元和1 083元的盈余分配款。

（3）运行机制。淮安市金子胡龙虾专业合作社采取的是“科技创新、品牌经营、培训渔民、共同致富”的经营策略。在产业经营中，合作社坚持“合作社＋农户”的运作模式，实施五包承诺服务：一包种苗供应、二包饲料组织、三包技术指导、四包保护价收购、五包养殖效益。同时该合作社与渔民签订协议，以合同制的方式保障渔民利益，即合作社对项目区实行统一管理，帮助渔民解决养殖中苗种供应、饲料供应、饲养管理技术等问题，与渔民签订商品龙虾收购合同，按合同收购，货到款到，不拖欠渔民分毫。在保障渔民利益的同时，促进了合作社的发展。

合作社的运行机制严格按照我国农民专业合作社法“成员地位平等，实行民主管理”的规定建立。合作社内的重大决策需由社员大会或社员代表大会投票决定；引入专家管理制度，涉及养殖加工技术上的重大问题聘请相应专家参与决策，实行可行性研究制度；构建有效的风险调节机制和自我发展机制。

合作社制定了较为完善的相关会计制度，并且严格培训合作社内部的会计人员；并进一步加强了合作社监事会的责任。该合作社的监督实行内部监督和外部监督相结合的办法。内部监督主要是发挥监事会和社员的作用，采取社务公开、账务公开等方式。外部监督包括系统监督和社会监督。系统监督主要是上级主管部门对该合作社的经营管理情况进行监督、检查。社会监督指发挥会计师事务所以及审计机构的作用。审计内容主要包括合作社的经营状况、内外部关系、章程执行情况、账目及年终总结等。

（4）利益联结机制。为增强合作社抵抗市场风险和拓展业务的能力，合作社按照章程规定或者社员大会决议从当年盈余中提取公积金，用于弥补亏损和扩大再生产；构建激励机制，对高层股拥有者、有经验的营销人员等，采取报酬与绩效挂钩的办法，以体现他们对合作社的价值和贡献。

该合作社依据合作社的章程相关规定，分别对2006、2007年实现的利润进行分配。其中在2006年，利润总额为26.81万元，其中盈余公积为4万元；列入未分配利润6.84万元，用于合作社的发展；社员二次分配金额共15.97万元，占可分配盈余的70%，其中按资本金分配6.5万元，占返还金额的40%，按社员销售金额分配9.47万元，占返还总金额的60%。2007年该合作社的利润金额达到了102.55万元，利润额翻了四番。其中资本公积、盈余公积（含盈余公益）为15.38万元，占总金额的14.99%。社员二次分配金额为52.3万元，占可分配盈余的60%，其中按资本金分配20.92万元，占盈余分配总金额的40%，按社员销售金额分配31.38万元，占盈余分配总金额的60%。未分配利润34.87万元用于该合作社的发展，占到利润总额的34%。

（5）农民增收与农业增效。淮安市金子胡龙虾专业合作社采取的是“合作社＋农户”的市场化运作和产业化经营模式，其辐射、带动作用明显。通过“五统一”的方式，可以带动200多个渔民从事龙虾的养殖，带来的直接经济效益约500万元，使农民年人均增收达2万元。可见合作社的发展给农民带来了巨大的就业机会，对于农民增收具有重要的积极作用。

此外，合作社旨在实现龙虾种苗繁殖、养殖、加工、销售等产业化、一体化经营，在其运行发展过程中，势必对该地区的产业结构调整、市场和水产加工生产能力产生一定的推动作用，从而促进该地区的龙虾苗种繁育、饲料加工、养殖、龙虾加工的产业链高效化和规模化，为加快农村经济的发展做出贡献。

（6）合作社存在的主要问题。淮安市金子胡龙虾专业合作社虽然在一定程度上促进了农业增效、农民增收，推动了农村经济的持续健康发展，但在其发展过程中也面临着组织管理松散、缺乏资金及社员和管理者的低素质等问题，这些问题的存在阻碍了合作社的进一步发展壮大。

第一，合作社组织管理较为松散，内部运行机制不完善。主要表现在：合作社的民主管理程度不够，决策透明度不强，普通社员并不是完全信赖合作社；合作社和农户之间尚未形成紧密的利益分配机制；合作社内部没有建立积累和共同抵御风险的机制。

第二，合作社缺乏资金，竞争力有待进一步增强。社员农户的经济实力较差、思想觉悟不高，必然导致合作社难以向社员筹集更多的资金；由于合作社自身没有经济实体，缺乏信用担保，向正规金融机构获得贷款的难度非常高。因此，合作社的运行主要依赖政府扶持资金和专业大户个人投资，这种境况使得合作社难以扩大经营规模和服务范围。

第三，社员和管理者素质不高，合作社发展后劲不足。合作社的管理人员市场开拓性、创新性不够，市场意识不强；大部分社员缺乏风险意识，仅希望享受权力获得利益，而不愿承担义务和风险，合作意识差，对合作社支持不够。

4. 扬州仪征市义明生猪专业合作社

（1）基本情况。扬州义明生猪专业合作社由该地区两个养殖基地合并而成。两个生猪养殖基地在创建之初就与当地规模养殖户和农户之间形成了紧密的合作关系，通过统一供种，统一饲养规程，统一防疫，统一销售等，形成了利益共同体，逐渐成为富民利村的地方支柱产业。2004 年成立生猪协会，2006 年变更为生猪合作社，2008 年最终更名为生猪专业合作社。从名称的变更时间来看，它是一个成立时间尚短的专业合作社，但是从发展历程来看，该合作社已经具备一定的规模和实力，将逐渐发展成为成熟的农村经济合作主体。该合作社成员出资总额 30 万元。其中两大生猪养殖基地出资总额达到 14.2 万元，占总额的 47%，几乎达到资金总额的一半，其他的 110 户农户出资总额为 15.8 万元。由此可以看出，该合作社是名副其实的企业带动型合作组织。2006 年 11 月该合作社被认定为江苏省无公害农产品产地。截止 2007 年底，该合作社的生猪栏数 2 873 头，现有种母猪 103 头，现有猪舍 1 000 平方米，沼气池 1 口。截止 2007 年底，合作社资产总额 332.06 万元，其中固定资产合计 298.52 万元，流动资产 33.54 万元，负债总额为 139.38 万元，所有者权益合计 192.68 万元，实收资本 150 万元；2007 年度全年营业收入 379.98 万元，净利润 30.00 万元，营业利润率 7.89%，资产负债率 42.00%。2008 年度该合作社的全年营业收入 398.57 万元，净利润 31.51 万元，营业利润率 7.91%，资产负债率为 40.53%。

(2) 组织管理机制。扬州义明生猪专业合作社是以饲养生猪的农民为主体，按照股份合作制方式进行生产、经营、分配和管理的互助经济组织，现有产品主要是优质三元商品肉猪、二元母猪、三元苗猪和杂交野猪。

合作社坚持“民办、民管、民受益”的原则，以“地位平等、民主管理、自主经营、自负盈亏、利益共享、风险共担、入社自愿、退社自由”为宗旨，制定了《合作社社务管理委员会议事规则》、《合作社财务会计制度》、《合作社生猪生产质量管理细则》等规章制度，采取“合作社＋龙头企业＋养猪场（户）”模式，实行“五统两分”管理。“五统”即由合作社统一供应优质苗猪，统一指导培训饲养技术，统一搞好防疫，统一供应专用饲料和兽药，统一委托收购产品。“两分”即由合作社生产的商品猪由社员分户饲养，实行自主经营，独立核算，自负盈亏；龙头企业为社员屠宰销售的商品猪采取分户过磅、分户验收，并按优质优价的原则结算猪款，以此为广大社员提供服务的平台、致富的平台和发展的平台，带领农民创出一条规模养殖、科学养殖的道路。

合作社现有社员 113 人，其中 5 个企业成员，农民社员 108 人，管理人员 6 人，目前拥有专业技术人员 13 名，专业涉及生猪繁育、疫病防治等。该合作社的法定代表人为该地区的市人大代表，同时是某生猪养殖场的总经理，在当地还具有一定的威望，能够为合作社的其他社员树立信心。

从合作社的组织结构来看，成员企业占比相对较大是该合作社的一个重要特点，对于扩大合作社的资产规模、加快合作社的发展速度，具有极大的促进作用，这是其他合作组织无法比拟的。

（3）利益联结机制。在利益分配方面，扬州义明生猪专业合作社坚持以社员增收和增加积累为主、合作社微利服务的原则，建立合理分配机制，逐步形成利益共享、风险共担的共同体。在年终利润分配时，合作社将利润的 10%作为公积金，10%作为公益金，20%作为风险基金，60%以现金形式分配给社员。一是按股分红，即合作社每年取得的利润的 20%，按照社员持有的股份进行分配。二是按交易量返利，将合作社年利润的 40%根据社员每年与合作社的交易量进行分配。此外，合作社个人每年共拿出 3 万元作为社会风险预备基金，主要用于资助那些遇到灾害和生活困难的社员，为社员补助或提供生产启动资金。

在财务管理方面，在社内建立财务核算机制。合作社配备专门的会计人员，按照国务院财政部门规定的财务会计制度进行会计核算与会计监督，做到审批报账程序化、日清月结、定期财务公开，随时接受全体社员的监督。对高层管理者、有经验的营销人员等，采取报酬与业绩挂钩的办法，以体现他们对合作社的价值和贡献。通过这些措施，合作社与农户之间建立了紧密的利益联结机制。

（4）农民增收与农业增效。扬州义明生猪专业合作社采取

"合作社+龙头企业+养猪场（户）"模式，实行产、供、销一体化，合作社年出栏商品猪 1 万头，普通社员年盈利 4 000 多元，接受优质杂交苗猪的农户年盈利可达到 2 500 元左右。同时，该合作社还辐射周围农户达到 1 200 多户，年出栏商品猪 2 万头，按每头盈利 200 来元计算，盈利合计可达到 400 多万元，户均盈利达到 3 000 多元。此外合作社能够安排剩余劳动力 20 余人，除销售人员收入外，年支付从事生产工人工资 20 多万元。因此，该合作社对促进农民增收与农村剩余劳动力的再就业起到一定的推动作用。

此外，通过龙头企业成员的带动，合作社新建大规模生猪养殖基地，能够进一步发挥生猪养殖示范基地优势，同时带动饲料作物种植和生猪产业化升级，促进种植业、畜牧业、饲料加工、物流等相关产业的协调发展，对当地猪肉产业链的形成和发展具有举足轻重的作用，对于促进就业、经济发展、保持社会稳定等方面都具有重要意义。

7.1.3　案例三：加工业类型的农民专业合作经济组织

1. 泰州姜堰市白米镇苏鹏蛋禽购销专业合作社

（1）基本情况。姜堰市苏鹏蛋禽购销专业合作社是由该地区某禽蛋经营部与蛋禽养殖户自愿组织起来的禽蛋饲养、禽蛋购销生产加工专业合作经济组织。该组织于 2005 年 8 月成立，合作社下设禽蛋经营部与蛋业生物科技有限合作社，占地面积 11 000 平方米，其中建筑面积 3 300 平方米，主要从事蛋鸡养殖、禽蛋购销、蛋品加工等业务。近年来，该合作组织发展迅速，效益显著，已成为"农业产业化龙头企业"，并荣获江苏省"四有"示范农民合作经济组织、"泰州市十佳农民合作社"、"泰州民间组织先进单位"、"江苏省农产品营销一百强"等多种荣誉。合作社 2007 年资产总额为 1 112.3 万元，其中固定资产 513 万元，流动资产 599.3 万元，负债总额 554.15 万元，所有者权益 558.15 万元，实收资本 420 万元，营业收入 12 918.66 万元，净利润 238.15 万元。2008 年的资产总额为 1 256.8 万元，其中固定资产 623.68 万元，流动资产 622.12 万元，负债总额 523.42 万元，所有者权益 733.38 万元，实收资本 420 万元，营业收入 13 466.8万元，净利润 296.8 万元。

（2）主要业务范围。据调查显示，苏鹏蛋禽购销专业合作社的主要业务包括：①组织和领导无公害蛋禽饲养管理、禽蛋保护价收购、禽蛋联运、联销，其主要的联销点有宜兴、上海、浙江的宁波、金华、永康、新昌以及安徽的马鞍山等大中城市的农贸批发市场及超市。为从事蛋禽的饲养、加工、运输、购销的人员提供产前、产中、产后服务。为广大农民排忧解难，提高第三产业从业人员的经济效益，为姜堰等地的禽蛋及其产品进入大中城市服务。②对姜堰市蛋禽生产、运输、销售发挥组织、咨询和参谋作用，了解市场行情、掌握信息、提供服务，运用各种形式和手段普及推广无公害蛋禽饲养的科学技术，努力提高会员的科技水平。③挖掘蛋禽的饲养、加工、运输的市场潜力，促进禽、蛋、加工、运输、销售队伍的发展壮大。配合广大蛋禽饲养户和大中城市超市、农贸批发市场，做好禽、蛋的购、运、销工作，解决产、供、运销者后顾之忧。

（3）组织管理机制。苏鹏蛋禽购销专业合作社的理事长为经济师，从 1982 年开始一直从事禽蛋购销，2005 年 8 月发起组建该禽蛋合作社。合作社的主要社员有 160 人，其中管理人员 6 人，技术人员 8 人，专业涉及动物科学、疫病防治、环境保护等多个领域，实践经验丰富。其中从事过家禽研究和生产三年以上本科毕业生 4 人，负责蛋品加工的技术研究和实施。该农民专业合作经济组织的人员配置结构较为合理。

合作社的管理运行机制较为完善，具有物质管理、财务管理、销售管理、种蛋管理、饲养管理、食堂管理、饲料管理、疫苗管理、商品蛋管理、运输管理、人员管理等各项管理制度。这一系列制度的贯彻落实，有效地实现了企业内部人、财、物的合理组合，提高了企业的经济效益。合作社在发展过程中，始终坚持“以农为本”的宗旨，充分发挥企业的龙头作用，商品生产采取“合作社+农户”形式。基地农民通过技术培训并考核合格后参与蛋鸡的饲养，签订养鸡合同，合作社以保护价回收农户的产品，有效地为农民规避市场风险，让农户获得实在的效益。

合作社严格按照《合作社章程》进行规范化运作，实行“五统两分”的管理：“五统”即合作社统一供应优质苗鸡，统一指导培训饲养技术，统一搞好防疫，统一供应专用饲料和兽药，统一委托收购产品。“两分”即由合作社生产的苗鸡由社员分户饲养，实行自主经营，独立核算，自负盈亏；为社员销售的鸡蛋采取分户验收，并按优质优价的原则结算鸡蛋款，从而达到生产、供应、加工，储运、销售等一体化经营。图 7.1 显示了合作社的运行流程。

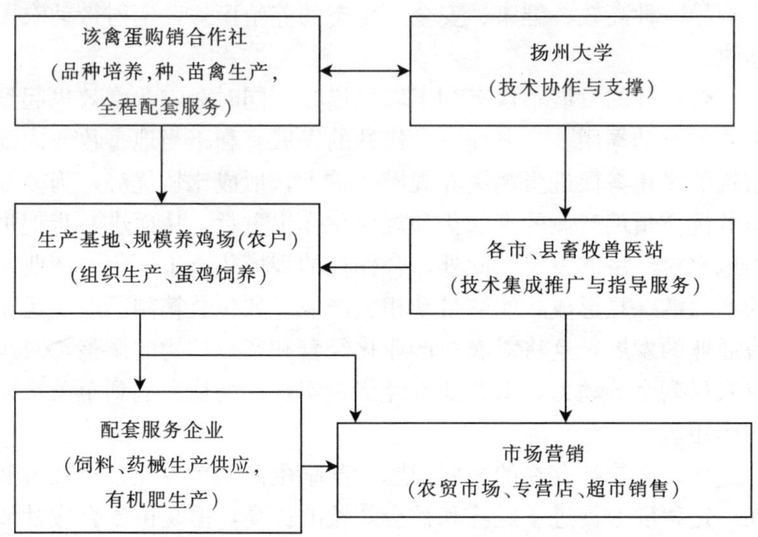

图 7.1　姜堰市苏鹏蛋禽购销专业合作社的营销路线流程

资料来源：根据相关调查资料整理而得。

（4）利润分配机制。在利益分配方面，合作社坚持以社员增收和增加积累为主、合作社微利服务的原则，建立合理分配机制，逐步形成利益共享、风险共担的共同体。在年终利润分配时，按交易量返利，将合作社利润的40％根据社员每年与合作社的交易量进行分配。此外，合作社个人每年共拿出10万元作为社会风险预备金，主要用于资助遭受灾害和生活困难的社员，向其提供生产启动资金或生活补助。在财务管理方面，在社内建立财务核算机制。合作社配备专门的会计人员，按照国务院财政部门规定的财务会计制度进行会计核算与会计监督。

（5）农民增收和农业增效。通过“五统一”的方式，合作社可带动200户农户从事蛋鸡的养殖，可带来的直接经济效益500万元；直接合作的农户饲养的50万蛋鸡按正常年份每羽获利5元计算，可为农户带来250万元的收益。最为关键的是，通过优质良种的繁育推广和无公害养殖技术的培训推广，在广大养殖户中倡导一种高效、健康、安全、生态的养殖模式，辐射带动农民增收。

合作社的发展不仅有利于农民增收，同时对农业增效也起到重要的推动作用。一方面，合作社的发展有利于当地畜牧业内部结构的优化，促进蛋鸡饲养规模的扩大，形成比较优势，为姜堰市的优质蛋鸡产业的高效化和规模化作出贡献，从而进一步促进当地农村经济的发展。此外，合作社的规模化、工厂化、产业化的产业链一旦形成，能够带动相关产业，如包装箱制品业、运输流通业的发展，这将对农业产业化经营和产业结构的调整，对解决农村剩余劳动力，繁荣地方经济，实现社会稳定起到至关重要的作用。

（6）合作社存在的主要问题。苏鹏蛋禽购销专业合作社虽然在一定程度上促进了经济和社会效益的提高，但是由于合作社成立的时间尚短，仍处于成长期，发展经验不足，因此在其发展过程中仍然存在着诸多亟需解决的问题，主要表现在：

第一，合作社的规模较小，远不能满足当地及周边地区的市场需求。目前，该合作社绝大多数社员是来自本村和周边村庄的村民，薄弱的经济实力导致投入的资金有限，合作社的发展规模很大程度上受到限制，合作社加工生产优质鸡蛋的能力远远无法满足市场需求。

第二，合作社养殖基地专业化、标准化、高效化程度不高，在技术、市场、信息等方面相应的配套设施不够完善。合作社需要进一步全面提高农户养殖水平，定期开展技术培训，使更多农户真正掌握无公害蛋鸡生产技术，建立适合当地生态条件的无公害蛋鸡生产技术体系。

第三，销售渠道需要进一步拓宽。该合作社还需进一步加大科技投入，加大研发力度，丰富产品品种，优化产品结构，提高自身在市场的竞争力，抢占更大的市场份额。

综合以上案例可以看出，按照行业性质来分，江苏省农民专业合作经济组织是以种植业、养殖业、加工业类为主。种植业类的农民专业合作经济组织都具有得天独厚的自然条件和基础条件，形成了该地区特殊的种植优势，并且有能人或者大户带头，将当地农户吸收成为合作社会员，从种植环节起至销售环节，向会员提供技术、市场信息咨询等服务，从而最终形成品牌效应，占领市场。养殖业类的农民专业合作经济组织都围绕某一收益率较高的农产品及其相关服务而组建，实现统一销售，大多都由农业龙头企业牵头。在各种类型的农民专业合作经济组织发展过程中，普遍都面临着资金匮乏的问题，既难以向会员募集资金，又难以向正规金融机构贷款，只能依赖于有限的政府资金支持，导致合作组织的规模难以扩大，也无法向会员提供更多形式的服务。

7.2　按发起动因分类的农民专业合作经济组织

本节的案例主要以发起动因来分类，该类的合作组织主要有：龙头企业带动型、大户带动型以及政府部门扶持型的农民专业合作经济组织。

7.2.1 案例一：龙头企业带动型的农民专业合作经济组织

1. 苏州市阳澄湖消泾虾蟹产销合作社

(1) 基本情况。苏州市阳澄湖消泾虾蟹产销合作社，于2006年4月注册成立，是一家集体所有制企业，注册资本500万元，拥有620户养殖户和10 150亩规模养殖面积，年产值5 000万元以上。该合作社坚持“农户+基地+市场+公司”经营模式，为农户生产经营提供所需的经济技术服务和该地区的大闸蟹和清水虾的营销服务。目前共拥有大闸蟹批发市场两期工程摊位260个，吸引了周边各地的大量蟹农来此批发市场，2008年市场成交额达到3亿元以上，逐渐成为华东地区最大的大闸蟹交易市场。

(2) 组织管理机制。阳澄湖消泾虾蟹产销合作社实行现代企业管理制度，定期举行股东大会，决定合作社的重大事宜。合作社设立理事长、副理事长各一名，具体负责日常经营管理工作。该合作社理事长具有本科学历，在担当理事长之前担任该村村办会计、经济合作社会计、该村党总支书以及合作社社长，在村里具有一定的威望。合作社聘用专职技术人员5名，现有核心社员105户。2007年，该合作社被列为苏州市农业龙头企业，苏州市首届水产健康养殖协会理事单位；2008年，合作社被评为苏州市计量合格认证单位，并被苏州市绿色食品行业协会列为常务理事单位。

阳澄湖消泾虾蟹产销合作社自创建以来在一定程度上加强了协会各会员之间的联系和协作、经常组织经验交流、促进信息沟通；提高了该地区蟹业产业化的组织化程度；在蟹业行业指导、行业自律、市场准入、信息咨询、规范经营行为、调节利益纠纷等方面发挥积极作用。同时该合作社定期向社员传授科学养殖技术，使其全面掌握生态、科学、高效的养殖方法。该合作社运用高科技设备为支撑，形成以市场牵龙头、龙头带基地、基地连农户的管理和运行机制，促进了该地区农业产业化经营的需要。

（3）经济效益和社会效益分析。合作社与农户的利益联结机制的建立是提高农民积极性，实现合作社发展和农民增收双赢局面的关键。阳澄湖消泾虾蟹产销合作社以市场为导向，以家庭经营为基础，依靠龙头企业和组织的带动，将农产品的生产、加工销售等各环节连成一体，通过建立包括利益分配机制、利益保障机制、利益运行机制以及利益监管机制等在内的有机结合、相互促进的经营机制，最终确保合作社与农户利益共享和责任共担。合作社坚持以农民增收为核心，发展现代农业为重点，大力推广无公害农产品的生产养殖，通过引进预期效益好，有较强的抗风险能力的项目，凭借标准化的生产，规模化的经营和市场化的运作，取得了良好的经济效益、社会效益和生态效益。

阳澄湖消泾虾蟹产销合作社对农民增收起到重要的推动作用。合作社成立之前，农户实行一家一户单独养殖，每亩年平均收入维持在 2 500～3 500 元。合作社建立之后，一方面由于合作社对社员养殖技术的专业培训，普遍提高农户的养殖技术，促使高效水产养殖基地的形成，另一方面，合作社的成立使当地的虾蟹养殖形成一定的规模效益，最终每亩平均收入增加到5 000～6 000元，基地新增产值达到 130 万元左右。同时该合作社还直接带动基地 325 户农民户均增收 5 000 元左右；间接带动周边地区 2 000 多户养殖户的收入增加。可见该合作社的发展不仅有利于当地农民收入水平的提高，对于周边地区的社会与经济发展也具有重要的积极影响。

此外，合作社充分发挥了农户小生产与大市场的快速对接作用，加快合作社所在地区规模化养殖的步伐，提高了养殖业的整体效益，同时辐射带动了周边区域经济的快速发展。通过农业产业化经营，使当地农业从单一的种养业、原料生产和初加工向精深加工、销售等环节延伸，将产、供、销结合起来，使农业得以分享工业和商业利润，从而最终实现农业增效。

2. 常州市艺林花木专业合作社

（1）基本情况。常州市艺林花木专业合作社于 2008 年 6 月成立，以入股形式自筹资金 10 万元作为注册资金。该合作社的宗旨为民办、民营、民管、民受益，自负盈亏，独立核算，社员入社自愿，退社自由，合作社全体社员风险共担，以此为纲制定相应的合作社章程，并选举产生理事会、监事会等组织机构，图 7.2 展示了该合作社的组织机构。合作社已经拥有社员 450 户，社员全部为农民社员，基地面积达到 3 280 亩，合作社的成立辐射带动了临近 10 多个乡镇，15 万亩种植花卉苗木，充分发挥当地资源优势，提高了当地土地的经济效益。

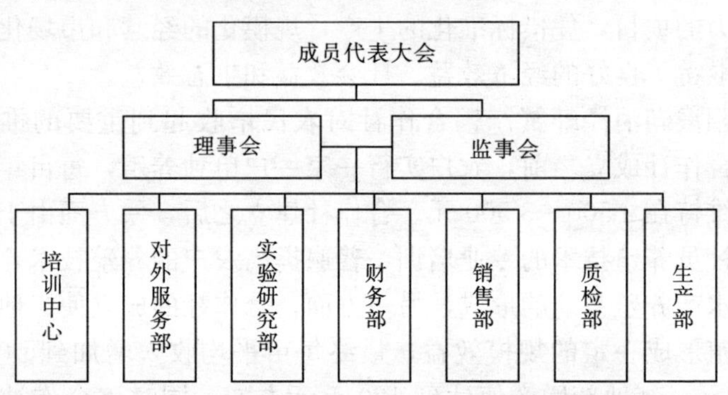

图 7.2　常州市艺林花木专业合作社的组织结构

艺林花木专业合作社主要以常州市某园林花木公司为依托，该公司是苏南地区最大的科技示范园，同时也是观赏植物造景研究基地、科普示范基地以及全国优秀农村科普示范基地。园区面积 1 680 多亩，具有名、特、优、稀、奇、珍等数百个品种，年产各类优质绿化苗木上亿万余株。合作社与公司挂钩，实行“公司＋合作社＋基地＋农户”的模式，合作社为公司提供充足而稳定的货源，以高于当地市场价 5%～10%的价格收购。合作社每年为当地农户销售花木近千万株，2008 年全年实现销售收入 1 400多万元。

合作社以生产、销售各种花卉、苗木，为社员组织相应的生产资料，提供技术、信息和成品苗木的收购、销售为主要服务内容。自合作社成立以来，已与 450 多家农户签订了苗木产销协议，无偿为农户引进苗木新品种，选择引入适合本地气候及地理环境的热销苗木新品种，指导农民引种花木，积极推广设施栽培技术，以高于当地市场价 5%～10%的价格收购，发展农业产业化经营，年终视盈利情况进行二次分配，分配方式按章程执行。

合作社在各村配备了专职技术干部，对重点专业户、示范户定期组织学习、参观、培训，开展科普技术讲座、技术咨询、上门服务等活动，及时为农户进行结构调整指导；根据市场发展趋势和农业生产不同季节，每月印发生产经营信息和简报及病虫测报，使发展花木产业的综合服务工作落实到千家万户。同时，合作社着手于社员的技术素质、科技成果等方面，加强技术培训，普及科学知识，每年邀请专家、教授、技术人员来园区进行科普讲座、技术咨询等活动。2008 年共举办各种类型培训班 15 期、发放技术资料 12 500 余份，参训人员达 8 000 余人。

（2）农民增收与农业增效。艺林花木专业合作社充分地挖掘和发挥区域和资源优势，以市场为导向，以提高效益和质量为中心，采取“合作社＋基地＋农户”的运作模式，为农户提供全方位的产前、产中、产后服务，与农户签订合同，结成紧密型经济共同体，充分发挥龙头示范辐射带动作用。通过实行统一供苗、统一栽种、统一培训、统一技术、统一销售、统一分配的“六个统一”的原则，近几年每年为农户批发引进苗木新品种 10 万多株，提供技术服务，指导农民引种花木，每年都定时不定点地在全区各乡镇举办各类花木知识培训讲座，进行科技宣传。2007—2008 年合作社共举办了各类型培训班 30 期、发放技术资料

20 000余份，参训人员达 10 000 多人，使周边农户科学技术培训覆盖率达 90%以上，花木种植新技术覆盖率 95%以上。花木成材后，合作社以高于当地市价 5%～10%的价格收购，有效为农民规避市场风险，保护农民利益，促进农民增收，辐射带动周边 10 多个乡镇、15 万亩种植花卉苗木，为推动全市农业产业化经营作出重要的贡献。

（3）利益联结机制。该合作社从当年盈余中提取 5%的公积金，用于扩大再生产、弥补亏损或者转为成员出资。每年提取的公积金按照成员认购的股份金额或者成员与该社业务量（额）的份额，依比例折估量化为每个成员所有的份额，记入成员财产账户。同时该合作社从当年盈余中提取 3%的公益金，用于成员的技术培训、合作知识教育以及文化、福利事业和生活上的互助救济。在用于成员技术培训和合作社的相关科技知识教育时，其投入的比例也不少于总盈余的 30%。

3. 徐州市贾汪区江庄镇劳信种植专业合作社

（1）基本情况。徐州市劳信种植专业合作社，前身是徐州市某种植业协会，于 2005 年 11 月在徐州市贾汪区民政局注册成立，2007 年 8 月按照《农民专业合作社法》由该合作社理事长和几位农民出资 15 万元转为在工商部门依法注册登记。合作社主要从事彩色甘薯、彩色花生的种植、推广、销售和相关技术咨询服务。该合作社位于京福高速公路西侧 2 公里，206、104 国道均在 10 分钟车程之内。经过 3 年的发展，合作社兴建了占地 4.5 亩的生产厂房、车间，现已发展社员 579 户，其中农民社员 578 户，团体会员单位 1 家，即徐州某小学农业科技有限公司。合作社的总资产达 224.8 万元，自身拥有连片示范种植基地 2 378亩，带动周边 6 个行政村发展特色种植 5 500 亩，带动农户达 1 078 户。

该合作组织在徐州农业科学院的指导下，引进了多彩甘薯推广种植，现已推广面积 5 500 亩，并完成了精品包装，在上海及南京市场受到广大市民的青睐，并与台湾九洲桥农业科技有限公司达成了深度开发紫色甘薯的合作意向。同时，合作社与江苏农业科学院蔬菜研究所签订了技术指导协议，从加拿大引进高档蔬菜型豌豆，2007 年试种取得成功。2008 年该合作社销售彩色甘薯 3 080 吨，实现收入 616 万元；销售彩色花生 1 020 吨，实现收入 357 万元；销售鲜豌豆 620 吨，销售收入 74.7 万元，全年实现净利润 118.5 万元，社员二次分配 72.5 万元。

通过广大社员的努力，2007 年该种植专业合作社被评为“徐州市科普示范基地”，2008 年被评为“徐州示范‘四有’合作经济组织”、徐州市优秀“四有”合作经济组织，并被授予“优秀青年创业基地”。该合作社的特用甘薯新品种示范推广被江苏省农工办、江苏省科协联合命名为“江苏省万名科技专家兴农富民工程优秀示范项目”。

（2）组织管理机制。劳信种植专业合作社自成立以来，坚持“民办、民管、民受益”的原则，按照合理、规范、科学的方向有序进行，展现了旺盛的生命力。在组织机构上，合作社建立了章程和各类规章制度，建立了社员代表大会、理事会和监事会。社员代表大会是贾汪区劳信种植专业合作社的最高权力机构，由全体成员组成。该社成员达到 150 人以上，每 5 名成员选举产生一名成员代表，成员代表大会可以履行成员（代表）大会职权。成员代表任期 3 年，可以连选连任。理事会是该社的执行机构，对成员（代表）大会负责，理事会由 6 名成员组成，设理事长一名，副理事长一名。理事长和理事会成员任期三年，理事长为该合作社的法定代表人。该合作社还分别设立了财务部、市场部、技术服务部等分支机构。图 7.3 展示了合作社的组织结构。

在工作职能上，合作社以发展特色种植为着眼点，以为社员搞好服务为着力点，对社员实行“统一规范生产布局，统一供应种苗、统一技术标准、统一供应生产资料、统一市场营销”的“五统一”管理，大力推行无公害标准化生产，建立社员田间生

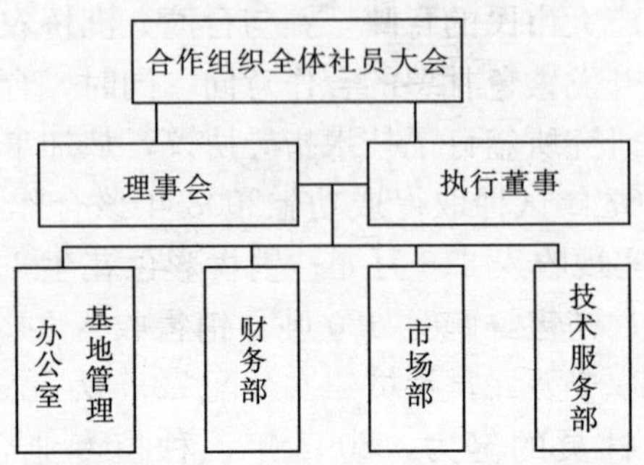

图 7.3　徐州市贾汪区劳信种植专业合作社的组织结构

产管理手册，有效保证产品品质；同时积极实施品牌战略，做强品牌，提升产品档次，不断提高产品的市场竞争力和占有率。

劳信种植专业合作社在引进农作物新品种的基础上，积极探索农产品增值的空间，先后注册企业网站、办理农产品商标，并将申请农产品的无公害认证。该合作组织在发展过程中始终以促进农民增收、农业增效为己任，在给予农户技术指导的同时还与农户签订农产品购销协议、土地流转协议，让农户放心生产，解决了农户无法及时获取有效市场信息的难题。

（3）利益联结机制。劳信种植专业合作社为实现合作社及其全体成员的发展目标，需要增加股本金时，经成员（代表）大会讨论通过，每个成员须按照成员（代表）大会决议的方式和金额补充股本金。合作社的主要资金来源包括成员股金，每股 5 000 元；合作社每个财务年度从盈余中提取的公积金、公益金、风险金；未分配收益等。该合作社从当年盈余中提取 30%的公积金，用于扩大再生产、弥补亏损或者转为成员出资。每年提取的公积金按照成员认购的股份金额或者成员与该社业务量（额）的份额，依比例折估量化为每个成员所有的份额，记入成员财产账户。同时该合作社从当年盈余中提取 30%的公益金，用于成员的技术培训、合作知识教育以及文化、福利事业和生活上的互助救济，在用于成员技术培训和合作社的相关科技知识教育时，其投入的比例也不少于总盈余的15%。

（4）农民增收与农业增效。劳信种植专业合作社的成立有利于当地及周边地区农业生产的社会组织化程度的大幅提高，有利于加强和完善该地区的农业社会化服务体系。通过该合作社的辐射带动，优质农产品的种植面积大幅增加，周边地区的农业结构调整速度加快。同时，由于优质甘薯、花生品种的引进和种植，加工及销售渠道得以拓展，可解决200余人的就业问题，营销、服务等方面可实现增收100万元以上，有利于实现产销一体化的发展。

农业增效的同时，合作社的发展也有利于该地区农业科技新成果的形成，以及新技术的推广。通过与徐州贾汪区农林局合作，对合作社社员种植彩色甘薯的土地进行肥效测定，得出有效含量和pH数据，以此为依据在徐州市专用复合肥厂生产专用复合肥，供社员使用，每亩农资生产成本降低50元，变相地增加了农民收入。经调查了解，合作社目前可实现社员年均增收700元以上；通过合作社项目示范间接带动周边行政村非社员，年可增收300元以上，进一步促进社会进步和农民生活水平的提高。

4. 启东市圆陀角小辣椒专业合作社

（1）基本情况。启东市圆陀角小辣椒专业合作社原先为2001年成立的启东市小辣椒协会，2006年获南通“四有”农民专业合作经济组织的称号。随着国家农民专业合作社法的出台，2007年9月更名。合作社有明晰的产权结构，独立的会计核算体系和完善的内部管理制度，采用“企业＋基地＋农户”的生产经营模式，以两个团体社员——启东市宏利调味品有限公司和南通味思佳食品有限公司为龙头，从事辣椒的收购和销售；同时吸收个体成员615个，建立辣椒生产基地18 000亩，基地主要集中在启东市寅阳镇，连片种植面积5 000亩。2008年合作社生产鲜辣椒4 000吨。其中1 500吨由合作社经纪人直接销售市场，销售产值 240 万元；2 500 吨由龙头企业初加工成辣椒干 500 吨，深加工辣椒素、辣椒油 50 吨，销售产值 1 100 万元。合作社连片种植基地及其生产的产品都通过了无公害权威认证。

合作社拟建设高标准无公害辣椒生产基地 2 000 亩，其中 600 亩为设施栽培区，1 400 亩为标准化专业生产区。

（2）资金来源。启东市圆陀角小辣椒专业合作社资金来源包括会费、捐赠及赞助、在核准的业务范围内开展活动或服务的收入、利息，其他合法收入。

高标准无公害辣椒生产基地建设项目投入资金 182 万元，建筑工程支出 119.6 万元，防护林建设支出 5 万元，土方工程建设支出 42 万元，科技推广支出 7.84 万元，设施农业补助 5 万元，项目管理费用 1.16 万元，工程管护费用 1.4 万元。

（3）组织管理机制。启东市圆陀角小辣椒专业合作社通过为成员提供辣椒种植信息，技术指导，产前、产中、产后一条龙服务，维护社员合法权益，增加社员收入。

合作社社员须年满 18 周岁，具有民事行为能力的公民，从事蔬菜生产经营，能够利用并接受该社提供的服务，承认并遵守合作社章程的，履行章程规定的入社手续的，即可申请作为个人社员。合作社也吸收从事与其业务直接相关的生产经营活动的企业、事业单位或者社会团体为团体成员，但是具有管理公共事务职能的单位不得加入合作社。合作社成员中，农民成员至少占总体成员的 80%。所有符合入社规定，向合作社理事会提交书面入社申请，经理事会审核并讨论通过者，即可成为合作社社员。

启东市圆陀角小辣椒专业合作社根据国家法律法规和行业特点，制定合作社章程，选举合作社理事长、理事会、执行监事。按照规定，合作社每年召开一次成员大会，成员代表大会由理事长负责召集，并提前 15 日向全体成员代表通报会议内容。理事会是该合作社的执行机构，理事由社员大会选举产生。理事会由理事 5 人组成，理事任期 3 年，可连选连任。理事会选举理事长一人，为合作社的法定代表人，理事长任期 3 年，可连选连任。同时设执行监事一名，代表全体成员监督检查理事长和工作人员的工作。

理事会负责组织召开成员大会并报告工作，执行成员大会决议；制定合作社发展规划、年度业务经济计划、内部管理规章制度等，提交成员大会审议，报请理事长批准；制定年度财务预决算、盈余分配和亏损弥补等方案，提交成员大会审议；组织开展成员培训和各种协作活动；管理合作社的资产和财务；审议理事会提交的年度业务报告；对合并、分离、解散、清算和对外联合等作出决议。

启东市圆陀角小辣椒专业合作社表决实行一人一票制，成员各享有一票基本表决权，充分保证合作社成员民主权利的实现。成员大会须有该社成员总数的 2/3 以上出席方可召开。成员因故不能参加成员大会，可书面委托其他成员代理。一名成员最多只能代理一名成员表决。成员大会的各项决议必须有出席会议半数以上的社员同意，才可生效。对于修改合作社章程，改变成员出资标准，增加或者减少成员出资，合并、分立、解散、清算和对外联合等重大事项作出决议的，应经成员表决权总数 2/3 以上的票数通过。

（4）经营服务方式。启东市圆陀角小辣椒专业合作社以成员出资、公积金、国家财政直接补助、他人捐赠以及合法取得的其他资产所形成的财产对其经营活动负责，采用“企业＋基地＋农户”的生产经营模式，以两个团体社员——启东市宏利调味品有限公司和南通味思佳食品有限公司为龙头，从事辣椒的收购和销售，业务范围具体为：对小辣椒种植、加工、流通、经营等进行调查研究，协助政府部门制定小辣椒行业发展计划、规划，搞好宏观调控；反映会员的愿望和要求，尊重会员单位的自主权，依法维护会员的合法权益，监督、检查违规行为和不正当竞争活动，克服行业中的越轨行为；协调会员单位之间的关系，积极推动启东小辣椒业质量和产量的提高；为小辣椒育苗、种植、加工生产者普及科技知识；不定期组织会员单位进行技术经验交流；协调会员单位疏通产品流通渠道，联合组织产品促销活动，协调供求关系，建立公平、公正、合理的竞争机制。

（5）利润分配机制。启东市圆陀角小辣椒专业合作社，实行财务定期公开制度。成员与合作社的所有业务交易，实名记载于该成员的个人账户中，作为按交易量（交易额）进行可分配盈余返还分配的依据。利用合作社提供服务的非成员与合作社的所有业务交易，实行单独记账，分别核算。每年 1 月 31 日前向社员大会提供上年的资产负债表、损益表和财务决算表，同时提出下年的财务开支必须经大会讨论，审查批准。

该社年终盈利和积累归社员共同所有，按照下列顺序分配：弥补亏损；提取必要的公积金，每年提取的公积金按出资比例量化为每个成员份额；按成员与合作社的业务交易量（交易额）比例返还，返还总额不低于可分配盈余的 60%；按前项规定返还后的剩余部分，以成员账户中记载的出资额和公积金份额，以及合作社接受国家财政直接补助和他人捐赠形成的财产平均量化到成员的份额，按比例分配给该社成员，并记载在成员个人账户中。

合作社接受的国家财政直接补助和他人捐赠，按照合作社章程规定的方法确定的金额入账，作为合作社的资金，按照规定用途和捐赠者意愿用于合作社的发展。在解散、破产清算时，由国家财政直接补助形成的财产，不得作为可分配剩余资产分配给成员，处置办法按照国家有关规定执行；接受他人的捐赠，与捐赠者另有约定的，按约定办法处置。

5. 兴化市建平禽业专业合作社

（1）基本情况。兴化市建平禽业专业合作社是兴化市建平禽业经营部与水禽养殖户自愿组织起来的水禽养殖饲养孵化购销生产专业合作经济组织。合作社于 2006 年 8 月经兴化市工商行政管理局登记。兴化市建平禽业专业合作社属于养殖类龙头企业带动型合作社，主要从事种鹅繁育、孵化、养殖、加工、销售、会员饲料供应及饲养技术咨询服务。

（2）合作社规模。建平禽业专业合作社位于兴化市周庄镇，以西坂伦村为主体，覆盖 10 个行政村。目前合作社拥有单位成员 1 个，农民成员 111 个，其中已有 48 个年养殖量逾万只的养殖户加入合作社，另有 100 多个农户向合作社订购苗鹅，将加入兴化市建平禽业专业合作社。此外，合作社辐射带动了周边的泰兴、姜堰、东台、江都等县市的养殖户。目前，合作社的养殖场种鹅存栏 2 万只，年饲养量逾 100 万只；年孵化苗鹅能力达 100 万只。肉鹅屠宰加工厂 5 000 平方米，年屠宰加工肉鹅 80 万只。兴化市建平禽业有限公司已被泰州市认定为“泰州市农业产业化龙头企业”。

兴化市建平禽业专业合作社人员结构合理。合作社的法人代表是兴化市十一届政协委员，在科研及生产领域具有丰富的管理经验。2005 年，其法人代表自主创业，毅然离开教师岗位回到家乡搞养殖，在西坂伦村租用 350 亩土地，由省牧院专家规划设计，始终坚持“以科技为先导，以品种求发展、以质量求生存”的经营理念，建设在省内领先的鹅产业化企业，目前正在积极推行“合作社＋基地＋农户”的产业化运行机制。技术人员中研究生学历 2 人，本科以上 6 人，专科以上 20 人，高级职称 4 人，中级职称 8 人。专业涉及动物科学、疫病防治、环境保护等多个领域，实践经验丰富。同时，合作社作为扬州大学的教学科研实验基地，具有较强的新品研发能力和科研成果的转化能力。

（3）内部联结机制。按照《中华人民共和国农民专业合作社法》，兴化市建平禽业专业合作社成立了理事会、监事会，实行理事长负责制，并注重制度的不断完善，有效地实现了企业内部人、财、物的合理组合，提高了企业的经济效益。

合作社在发展的同时，始终坚持“以农为本”的宗旨，充分发挥合作社的龙头作用，商品生产采取“合作社＋农户”的形式，基地农民通过技术培训并考核合格后参与水禽的养殖饲养中，签订养鹅合同，合作社以保护价收购农户的产品，为农民减轻市场风险，让农户获得实在的经济效益。

（4）财务状况。兴化市建平禽业专业合作社的财务状况较为稳定，2007 年其资产总额 766.3 万元，其中固定资产 418 万元，流动资产 348.3 万元，负债总额 445.4 万元，所有者权益 320.9 万元，实收资本 300 万元，营业收入 1 346.7 万元，净利润 20.88 万元，资产负债率 58.13%。2008 年得到进一步发展，资产总额达到 856.3 万元，其中固定资产 446.2 万元，流动资产 412.1 万元，负债总额 465.2 万元，所有者权益 391.1 万元，实收资本 300 万元，营业收入 1 528.7 万元，净利润 21.42 万元，资产负债率 54.33%。由此可见，合作社 2008 年较 2007 年的营业收入和净利润都有所提高，资产负债比率也相应下降，说明其财务和经营状况都在向更好的方向发展。

（5）在建重点项目。合作社目前的重点项目是 200 万只扬州鹅孵化养殖扩建项目，建设的主要内容是：扩建鹅舍 8 栋，9 500平方米，孵化专用厂房 600 平方米，孵化设备和辅助设施 14 套，厂区绿化及必要的水电增容和质量检测、检验设备等辅助工程建设，年出栏肉鹅 40 万只；带动周边农户 320 户发展规模饲养，建成年出栏 200 万只以上肉鹅的“合作社＋农户”无公害养殖基地，新建无公害药物、饲料专供门市，廉价销售疫苗、饲料和药物；对养殖户进行包括饲养管理、卫生防疫、疾病诊断以及无公害养殖为主要内容的技术培训；强化基地内生态、科技与设施的集成，作好科研成果和无公害养殖规程的转化、示范和培训工作，年培训 500 人次，印发技术资料 2 000 册。

（6）合作社建立的必要性及发展的优势。兴化市建平禽业专业合作社的建立有其必要性，因其有利于促进扬州鹅优质新品种进一步推广。扬州鹅是江苏省“九五”重点攻关“肉鹅新品种培育”项目的科研成果，通过优良鹅种隆昌鹅导入太湖鹅的优良群体进行杂交选育而成，品种优势十分显著。近几年来，扬州鹅通过保种和选育，生产性能有了稳步的提高，其品种资源优势已经转化为现实的经济效益。兴化市建平禽业专业合作社的建立，采用“合作社＋农户”的营运模式，提供农户所需的鹅苗、药品、饲料等实物，在技术上予以支持，提高农户养鹅的积极性和收益；其次，合作社的成立将完善产业链，促进结构调整和农民增收。合作社将进一步完善合作社扬州鹅炕孵、养殖及深加工产业链，使各环节结合得更加紧密，协调发展，极大地提高合作社的综合效益，同时带动机械、塑料包装、羽绒、饲料等相关行业的发展。

此外，合作社的成立具有现实可能性。首先，合作社所处地区的自然环境资源优势突出。兴化市建平禽业专业合作社地处北亚热带湿润气候区，气候温和，四季分明，雨水充沛，日照充足，光热水气配合协调。合作社区内河网密布，土地空阔，水面滩涂资源丰富，温、光、水三要素协调，极适宜牧草生长，牧草资源丰富。经农业部和国家绿色食品办公室进行的水文、土壤、空气及其他各个环境指标检测，合作社地区范围内无污染性工业企业，无“三废”排放、无城市垃圾。大气、农田灌溉水、土壤环境质量分析与评估均属一级，能够为无公害肉鹅生产提供良好的生态环境。

其次，成立合作社符合当前的政策形势。当前我国畜牧业已经进入一个新的发展阶段，畜禽产品市场需求结构呈现多元化和优质化趋势。提高畜禽产品质量与市场竞争力、优化与调整产业结构、增加社会与经济效益、改善生态环境已成为新阶段畜牧业发展的主要目标。因此，畜禽产业结构战略性调整需要从比较优势原则出发，充分考虑各地不同的资源、产业结构特点和发展基础，集中力量在具有相对竞争优势的区域发展优势畜牧产品，尽快形成更大的生产规模、更强的市场竞争力和更高的经济效益，以带动整个产业的快速成长。泰州素有养鹅的传统，近几年来，泰州把鹅业放在畜牧业发展的首要位置，通过突出规模养殖，强化技术创新，放大品牌效应，现代鹅业产业化格局初步形成。扬州鹅的品种推广、养殖、深加工已成为泰州市农业主导产业，也是江苏省农业特色产业之一，受到国家各级政府的高度重视和大力支持。为进一步做大扬州鹅产业，拉长产业链条，兴化市委、市政府在农业结构调整中把鹅业经济纳入规划，在政策、资金上给予重点扶持，制定了以奖代补政策。

合作社得以发展壮大，关键还需依靠先进的科学技术，而兴化市建平禽业专业合作社具有强大的科技优势。兴化市畜牧兽医行业人才济济，为合作社普及扬州鹅饲养技术、屠宰加工检验检疫和相关的科技成果转化提供有力的人才保障。扬州大学、中国农科院家禽研究所、泰州市畜牧兽医站等科研院所一直在肉鹅高效、规模、安全生产技术、新品开发和产品深加工方面给予兴化市建平禽业专业合作社科技支撑。合作社已与扬州大学动物科学与技术学院达成协议，作为该学院教学科研实习基地，加强优质种鹅的繁育工作；在养殖示范推广上，合作社与泰州市畜牧兽医站均建立了协作关系；在废弃物无害化处理和资源化利用方面，合作社分别与扬州大学、中国农科院家禽研究所等建立了技术合作关系。

（7）合作社面临的主要障碍因素及解决方案。近几年来，泰州把鹅业放在畜牧业发展的首要位置，通过突出规模养殖，强化技术创新，放大品牌效应，现代鹅业产业化格局初步形成。然而，在鹅的区域化生产格局初步显现的背景下，泰州鹅业发展依然会面对一系列挑战，必然存在一系列的障碍。一是鹅业企业品牌众多，生产分散，尚未形成企业集群，有待资源整合；养殖方式是以千家万户的分散饲养为主，质量参差不齐，其增长属于典型的数量型扩张。二是企业科技和制度创新能力不足，产品在市场上无特色、品牌无影响，加工企业普遍规模较小，技术手段不够先进。三是政策机制有待进一步创新，促进龙头企业发展的政策体系需要不断完善，资金扶持力度需要进一步加大。在运作机制上，“合作社＋农户”的模式受到市场风险的严峻挑战，农民往往于市场高价时违背合同，将产品向市场出售，而市场低价时，又要求合作社收购产品，最终导致加工企业缺失稳定货源、承担较大的市场风险。

兴化市建平禽业专业合作社虽然在发展全市鹅业经济、推进农业产业化的进程方面作出一定贡献，但其现有的生产规模与鹅业的产业化发展要求还不相适应。对此，解决方案一是在内部挖掘潜力，进一步开源节流，筹集部分资金；二是争取上级财政予以资金支持，兴化市建平禽业专业合作社需要加大扬州鹅的繁育和养殖规模，拓宽产品销售渠道，不断延长鹅业产业链，实现鹅业产业集群，促进合作社的健康发展。

7.2.2 案例二：大户带动型的农民专业合作经济组织

1. 宿迁市泗阳县乐口福食用菌专业合作社

（1）基本情况。宿迁市乐口福食用菌专业合作社是由合作社理事长以及几个种植大户于 2006 年牵头组建，并于 2007 年 9 月在该地区工商局进行登记注册。该合作社所在地的双孢菇种植已有十多年的历史，但以一家一户小规模种植模式为主，农民组织化程度较低，在技术更新及市场开拓等方面都比较滞后。随着社会经济的发展，人们生活水平的提高，市场对食用菌的需求越来越大，传统的种植模式已无法适应市场的需求，也无法抵御市场风险。合作社的注册资金为 15 万元，其中主要经营的业务范围包括食用菌种植、新技术推广、新品种引进和生产资料的采购以及产品销售。

（2）运作机制。乐口福食用菌专业合作社的创建以“服务产业，造福社员”为宗旨，坚持“民办、民管、民受益”原则，采取多种形式为社员服务。通过当地各级政府的大力支持和相关部门的精心指导，以及全体社员的共同努力，合作社各项工作稳步推进，在引进新技术、新配方、改进种植模式等方面取得了显著成效。

合作社目前以双孢菇为主、香菇为辅，食用菌种植面积不断扩大，双孢菇生产已通过无公害产品认证。合作社从福建食用菌研究所、南京农业大学食用菌研究所等高等院所先后请来技术专家对面上的种植户进行培训达 2 000 余人次，组织大规模专场讲座 5 次，发放培训资料 3 000 份，为种植户解决各类疑难问题近千个，及时地解决菇农种植中的难点问题，拓宽食用菌发展领域，为食用菌产业的长远发展提供强有力的技术支持。

在产品销售上，该合作社对社员生产的产品实行统一收购，进行分级包装，并统一使用同一品牌销售，解决了社员的后顾之忧。合作社与河南、山东、淮安等地的食品加工厂签订供销合同，并与上海、扬州、盐城、淮安及本地农贸市场的经纪人建立起长期的供销合作关系，此销售网络有效地解决了双孢菇生产高潮期大量鲜菇上市销售难的问题，提高了双孢菇的销售价格。

在合作社的引导和示范下，双孢菇生产初步实现了“制菌—种菇—加工—销售”一条龙的产业化经营格局。2007 年，该合作社的销售收入为 739 万元，实现利润 39 万元。合作社的创建有效推动了双孢菇产业的发展，既增加了农民的收入，又促进了本地的自然资源优势和生态环境优势向经济优势和商品优势的转化，对于当地农民脱贫、促进农民增收具有重要作用。

（3）营销策略与模式。乐口福食用菌专业合作社坚持以市场为导向，以为销售单位、网点提供优质产品为己任，以无公害生产为准则，广开销售渠道。合作社组织生产技术人员进行调研和培训，深入了解市场需求，按照市场调研的相关情况组织生产，保证所有产品符合市场需求。充分利用各地农产品展销会，宣传该合作社的产品；重点与常州、南京、淮安等蔬菜批发市场以及上海农工商超市，江苏苏果超市等销售单位合作设立双孢菇销售专柜，并在各个主要蔬菜批发市场建立营销网点，同时与食用菌深加工企业签订销售订单，进一步保证全体社员的产品销售渠道畅通（图7.4）。在严格执行无公害生产标准的同时加大品牌建设力度和宣传力度，满足消费市场的需要。

综上所述，该合作社具有较为完善的销售体系。针对本地市场，合作社采用直销方式；外地市场主要通过经纪人进行销售；食用菌加工厂则采用订单销售模式。

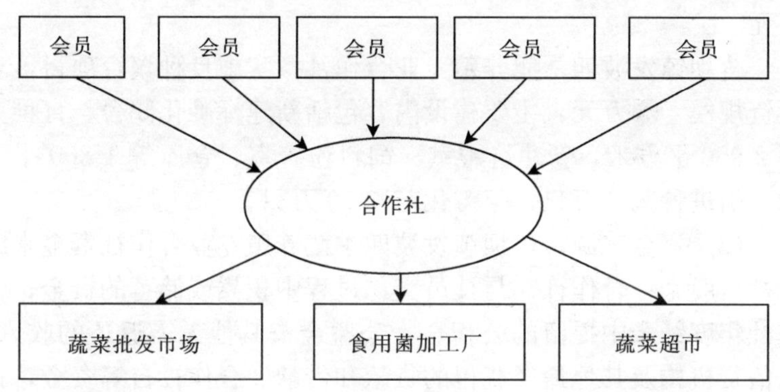

图7.4　宿迁市乐口福食用菌农民专业合作经济组织销售网络

资料来源：根据相关调查资料整理而得。

（4）利益联结机制。该合作社根据各社员出资额，依据合作社章程规定进行分红。以年度为单位，核算经营利润，合作社年净利润除去法定的公益金和公积金，余下部分的60%作为一次分红资金，依据社员与合作社的交易额进行分配，40%按照各社员出资额进行二次分红。

2. 洪泽县蒋坝镇发波四季鹅养殖专业合作社

（1）基本情况。洪泽县蒋坝镇发波四季鹅养殖专业合作社于2006年组建，2008年7月经工商注册正式成立，地址位于洪泽县蒋坝镇。合作社采取“民主参与、合作经营、利益共享、风险共担、权利平等”的合作手段，为社员提供产前、产中、产后的全方位服务。合作社围绕抓大户、带全面、上规模、增效益的发展思路，通过引导扶植、大户带动等措施，推动蒋坝乃至全县鹅产业的发展，取得了明显的经济和社会效益。合作社现已建有鹅舍2幢，牧草基地400亩，种鹅水上运动场460亩。种鹅1万余只，年孵化苗鹅15万只。2008年，洪泽县蒋坝镇发波四季鹅养殖专业合作社资产总额达到427.2万元、固定资产274万元、流动资产18.7万元、在建工程134.5万元，负债总额156.2万元、所有者权益271万元；营业收入386.12万元、净利润236.63万元。

蒋坝镇发波四季鹅养殖专业合作社拟实施良种繁育项目，总投资规模445万元，主要建设内容包括新建标准化鹅舍、育稚室等2 950平方米，新建炕孵室、饲料粉碎室、仓库等1 800平方米；引进种鹅2万只，年孵化苗鹅50万只。

（2）资金来源。蒋坝镇发波四季鹅养殖专业合作社资金来源于社员股金；合作社在与社员交易过程中积累或储蓄的资金；合作社年度结余中提留的公积金、公益金及其他无需返还的收入；从信贷机构及其他途径获得的贷款和借款。合作社自筹资金，根据来源不同渠道，建立明细档案，分户管理，独立核算，建立严密的资金使用计划，合理安排和使用资金，对购置的资产设立明细账目，把有限的资金用在刀刃上。

合作社良种繁育项目投入总资金445万元，资金筹集渠道来源于中央财政资金、地方财政配套资金以及自筹资金。其中，项目申请中央财政资金40万元；省配套资金38万元，县配套资金2万元；项目自筹资金365万元，主要通过合作社沉淀资金以及召开股东会议筹集。项目资金使用与管理，严格按照国家《农业综合开发项目与资金管理暂行办法》执行，财政资金由市财政局直接管理，市农业资源开发局负责监督使用，采用市级报账制，资金由合作社法人对每笔支出进行审批，并有5名以上会员签字认可。

（3）组织管理机制。合作社采取“民主参与、合作经营、利益共享、风险共担、权利平等”的合作手段，为社员提供产前、产中、产后的全方位服务。合作社采取围绕抓大户、带全面、上规模、增效益的发展思路，通过引导扶植、大户带动等措施，将原有的单一的养殖模式，发展成为孵化、养殖、销售一条龙的经营模式，推动了蒋坝乃至全县鹅产业的发展。

合作社社员分为个人社员和团体社员，现有成员110人。凡从事与该社业务范围内的经营活动的个人，年满18周岁，具有民事行为能力，承认并遵守合作社章程的，即可申请作为个人社员；合作社也吸收从事与其业务直接相关的生产经营活动的企业、事业单位或者社会团体为团体成员，但是具有管理公共事务职能的单位不得加入合作社。由本人和相关组织向该社理事长提出书面入社申请，并经成员大会审查批准，即成为合作社社员。

洪泽县蒋坝镇发波四季鹅养殖专业合作社根据国家法律法规和行业特点，制定合作社章程，选举合作社理事长、理事会、执行监事，定期召开成员大会。理事会是该合作社的执行机构，理事由社员大会选举产生。理事会由理事5人组成，理事任期3年，可连选连任。设理事长1名，理事长为该社的法定代表人。由成员大会选举产生，为合作社的法定代表人。理事长任期3年，可连选连任。同时设执行监事一名，代表全体成员监督检查理事长和工作人员的工作。

理事会负责组织召开成员大会并报告工作，执行成员大会决议；制定合作社发展规划、年度业务经济计划、内部管理规章制度等，提交成员大会审议，报请理事长批准；制定年度财务预决算、盈余分配和亏损弥补等方案，提交成员大会审议；组织开展成员培训和各种协作活动；管理合作社的资产和财务；审议理事会提交的年度业务报告；对合并、分离、解散、清算和对外联合等作出决议。

洪泽县蒋坝镇发波四季鹅养殖专业合作社表决实行一人一票制，充分保证合作社成员民主权利的实现。成员大会须有该社成员总数的 2/3 以上出席方可召开。社员大会的各项决议必须有出席会议半数以上的社员同意，才可生效。对于修改合作社章程，改变成员出资标准，增加或者减少成员出资，合并、分立、解散、清算和对外联合等重大事项作出决议的，应经成员表决权总数 2/3 以上的票数通过。

（4）经营服务方式。洪泽县蒋坝镇发波四季鹅养殖专业合作社以社员和周边养鹅农户为服务对象，主要提供洪泽湖鹅养殖技术指导、信息咨询、销售、饲料购销等服务；苗鹅、肉鹅的养殖、销售；苗鹅养殖技术及优质品质的引进；牧草的生产；提供与种鹅有关的技术培训。

此外，经成员大会讨论通过，合作社也可投资兴办与其业务内容相关的经济实体，接受与合作社业务有关的单位委托，办理代购代销等中介服务；向政府有关部门申请或者接受政府有关部门委托，组织实施国家支持发展农业和农村经济的建设项目。

（5）利润分配机制。洪泽县蒋坝镇发波四季鹅养殖专业合作社，实行每月 10 日财务定期公开制度。合作社从当年盈余中提取 10％的公积金，用于扩大生产经营、弥补亏损或者转为成员出资。成员与合作社的所有业务交易，实名记载于该成员的个人账户中，作为按交易量（交易额）进行可分配盈余返还分配的依据。利用合作社提供服务的非成员与合作社的所有业务交易，实行单独记账，分别核算。会计年度终了时，组织编写该社年度业务报告、盈余分配方案、亏损处理方案以及财务会计报告，于成员大会召开 15 日前，置备于办公室地点，供成员查阅并接受成员的质询。

合作社接受的国家财政直接补助和他人捐赠，按照合作社章程规定的方法确定的金额入账，作为合作社的资金，按照规定用途和捐赠者意愿用于合作社的发展。在解散、破产清算时，由国家财政直接补助形成的财产，不得作为可分配剩余资产分配给成员，处置办法按照国家有关规定执行；接受他人的捐赠，与捐赠者另有约定的，按约定办法处置。

3. 徐州市沛县盈龙鸭业专业合作社

(1) 基本情况。徐州市沛县盈龙鸭业专业合作社的前身是沛县朱寨肉鸭养殖营销协会，位于沛乡朱寨乡马元村，占地面积120亩。沛县盈龙鸭业专业合作社是由一个养鸭企业、5个经纪人和83户养鸭户，按照自愿组织、自主经营、自选项目、自筹资金、自负盈亏、自选领导人的原则成立的，2007年11月由5位经纪人出资80万元转为在工商部门依法注册专业合作社，属于典型的能人大户带动型合作经济组织。主营业务包括种鸭养殖繁育、苗鸭孵化、商品鸭养殖、合同回收、屠宰加工、冷冻储藏等系列化生产。

(2) 合作社规模。合作社现有省级认定规模100万羽无公害肉鸭养殖基地一个，标准化鸭舍60栋。饲养樱桃谷肉种鸭4万羽，生态肉鸭12万羽。拥有12 000型电动孵化机40台，年可提供商品鸭苗1 100万羽。沛县盈龙鸭业专业合作社自创办以来，实施统一防治肉鸭疾病、统一辅导养殖技术、统一饲料供应、统一回收加工、统一管理的生产机制，坚持走“合作社＋基地＋农户＋企业”的农业产业化道路，先后带动沛县龙河路沿线林鸭复合经营大棚300余栋养殖农户，2 000多人脱贫致富，户均年增收4 000元以上，社会综合效益超5 000万元。目前合作社是江苏省肉鸭养殖规模较大，技术力量较强，生产设备先进，产品质量较好的鸭业专业合作社之一。

合作社人才队伍结构合理，专业齐全，团结高效，现有职工36人，其中管理及生产养殖技术人员16人，拥有高级职称的2人，中级职称12人，初级职称2人，熟练技工占职工总数的91%以上。沛县盈龙鸭业专业合作社于2007—2008年度被徐州工商行政管理局评为十佳合作社，被徐州市经纪人协会评为文明诚信经济合作组织。

(3) 财务状况。沛县盈龙鸭业专业合作社现有资产总额

598.08万元，固定资产211.67万元，流动资产413.25万元，负债总额110.43万元，资产负债率18.46%，企业注册资金80万元，所有者权益为487.66万元，合作社2007年各项营业收入801.27万元，净利润33.33万元，销售利润率2.5%。

（4）在建重点项目。沛县盈龙鸭业专业合作社目前的重点项目是100万羽林鸭复合无公害养殖改扩建设项目。该项目的法人是合作社经纪人之一，从事肉鸭养殖工作十多年，先后担任沛县朱寨肉鸭养殖协会副董事长等职务，独立承担并顺利完成了省级规模的项目，领导合作社取得了较好的经济、社会与生态效益。该重点项目投资280万元，其中申请国家财政资金80万元，自筹资金200万元，改造种鸭大棚12栋，并且举办培训10场次，培训人员1 000人次，发放资料等2 500套，速生林木栽植3 000株及环境绿化工程建设。

（5）合作社成立的必要性。合作社的成立首先是沛县肉鸭产业发展的需要。肉鸭产业是沛县近年来异军突起的新兴养殖和加工项目，肉鸭年饲养量突破1.2亿羽，全县建成屠宰加工企业24家，年宰杀能力突破1.5亿羽以上，肉鸭优势产业经济总量超过50亿元，成为沛县农民增收致富的特色经济支柱产业。沛县是全国平原绿化先进县、全国造林绿化白佳县、江苏省农田林网建设先进县和全国绿化模范县。目前全县林业用地面积50万亩，有林地48.5万亩，其中用材防护林18万亩，四旁折算片林20万亩，经济林10万亩，农田林网化达96%，四旁植树2 450万株，村庄林木覆盖率达54%以上，全县活木蓄积量200万立方米，林木覆盖率达25.6%。如何解决林业用地与养殖用地的矛盾，达到林业生态与经济效益协调发展，通过认真调查研究，立足林地资源优势，发展林间生态肉鸭养殖是适合县情、促农增收的可选之路。

其次，合作社的成立是提高肉鸭产品竞争力和效益的需要。一方面，沛县盈龙鸭业专业合作社的成立有利于扩大养殖规模。

大片的林间空地，为林间养禽提供了广阔的养殖用地，少则一两千只，多则十几万只、几十万只、甚至上百万只，均可在树下放养，发展规模养殖潜力巨大；另一方面，有利于促进树木生长。林间空闲地养殖畜禽产生的粪尿可直接排放到林地中，既减少污染，同时又可为树木生长提供优质肥料，促进树木生长，实现良性循环；再者，合作社的成立有利于生态养殖。随着人民生活水平的不断提高，消费观念的逐步转变，绿色消费、健康消费已渐成主流。在林间实施生态养殖，环境好、用药少，可提供绿色安全的产品，并且生态养殖有利于疫病防治；最后，沛县盈龙鸭业专业合作社的成立有利于小康示范村的建设。林间养殖，远离村庄人口密集区，对居住环境不造成空气污染，有利于人们生活环境的改善，有利于沛县小康示范村的建设。

再次，合作社的成立是实现农业增效和农民增收的客观需要。沛县盈龙鸭业专业合作社建立在投资少、周期短、见效快、效益高的经营基础之上。养一批肉鸭 42 天，每只赢利在 1 元左右。按养殖肉鸭计算，每亩饲养 2 000 只，年出栏 5 批，可实现效益 6 000 元。林鸭生产形成产业化后可迅速扩大养殖规模，提高产品质量，农民能在提高科技意识、质量和市场意识的基础上得到增产、增效、增收的好处，促进合作社项目区农村经济的发展。

（6）合作社的优势。自然资源是合作社成立的首要优势。沛县盈龙鸭业专业合作社所在地沛县是农业大县，区内土壤肥沃，为淮海经济区的中心地带，是我国最大的绿色农产品生产基地之一。农业资源非常丰富，可耕地面积 120 万亩，年种植小麦 80 万亩，玉米 60 万亩，大豆 5 万亩，每年可生产饲料用粮 6 亿千克，有丰富的饲料来源，有塌陷地 6 万多亩，均可发展肉鸭养殖。农民收入 40%来源于养殖业，肉鸭生产已成为沛县农业的支柱产业，农民增收的主要渠道。另外，合作社所在地交通便捷，水、电、通信等基础设施完备，运输配送市场成熟发达，具有较强的地域辐射优势。

政策优势是合作社成立的立根之本。沛县盈龙鸭业专业合作社的主营业务产品符合江苏省政府提出的重点发展的优势农产品发展规划要求，符合中央和江苏省农村工作会议精神与重点扶持方向。沛县肉鸭产业已列入江苏省高效农业百项一体化工程项目，并且成为徐州市的优势主导产业。近年来，沛县肉鸭养殖坚持走高效生产、技术创新、示范推广、企业带动和产业化经营之路，建成了一个以优质苗鸭供应、优质高效养殖、技术示范推广、产品加工增值、市场经营增效为一体的肉鸭产业强县。并由此推动相关产业优质、安全、高效和标准化、可持续发展，形成产业新的经济增长点，实现结构、质量、效益和生态的协调发展。

科技优势是合作社发展的根本动力。沛县盈龙鸭业专业合作社现有职工 36 人，其中有管理及生产养殖科技人员 16 人，拥有高级职称的 2 人，中级职称 12 人，初级职称 2 人，熟练技工占职工总数的 91％以上。合作社长期聘请从事肉鸭生产和苗鸭孵化经验的高素质科学技术人才提供技术服务；同时与江苏省农科院畜牧所、徐州生物工程学院、徐州畜牧研究所、南农大动物科学院等单位开展合作，确保产品生产有较强的技术支撑。此外，合作社准备了专项资金用于技术培训，长期聘请县兽医专家和营销、管理专家定期开展讲座。技术培训内容按照岗位不同，分为管理培训、业务培训和技术培训。其中管理人员的培训主要鼓励员工参加各类企业管理和知识的学习，提高企业管理水平；业务培训主要针对市场营销人员，采用理论培训和跟班见习相结合的方法；技术人员的培训主要是对孵化和饲养技术进行指导，采用把养殖户送出去和把专家请进来相结合的形式。

7.2.3 案例三：政府部门扶持型的农民专业合作经济组织

1. 江都市渌洋农林综合开发土地股份专业合作社

（1）基本情况。江都市渌洋农林综合开发土地股份专业合作社于2004年10月成立，属于种植类政府扶持型合作社。合作社位于江都市邵伯镇渌洋湖村，现共吸纳社员2 600人，入股土地3 368.75亩，设立3 368.75股，制定了章程，完善了各项制度，合作社现有耕地面积5 500亩，林区2 500亩，养殖水面2 500亩，2008年实现产值1.62亿元，农民人均纯收入10 984元。合作社自身拥有15名中高级科技人员，以扬州大学畜牧兽医学院和园艺与植保学院为依托单位，实行理事会领导下的总经理负责制，完全按照规范合作社的模式运行，具有完整而严格的管理体制和制度。

合作社制定有机稻谷种植规程，严格控制化肥、农药等物质的使用，在确保不破坏自然保护区的前提下开发水产、畜禽养殖、蔬菜、粮油种植、生物有机肥加工，促进农业资源、能量的综合、多级、循环利用，最终实现环境污染的零排放，实现人与自然和谐相处，实现经济和社会可持续发展。合作社还积极与扬州神谷米业有限公司开展合作，充分利用其年加工大米3万吨以上的能力，有一整套严格的质量控制措施，是江苏省粮食系统大米出口日本的定点加工企业。由于机制创新，合作社近年来的经营业绩良好，成效显著，先后被评为扬州市“四有”示范农民专业合作经济组织、省级“四有”示范农民专业合作经济组织。

（2）财务状况及利润分配。合作社经营运行势态良好，现有资产总额为6 338万元，固定资产净值为1 238万元，流动资产为1 594万元，负债总额为1 476万元，所有者权益为4 858万元，实收资本为3 468万元，营业收入为2 693万元，净利润217万元，营业利润为191万元，资产负债率为23%，在合作社经营的带动下，全村人均收入10 984万元。

按照合作社的章程，其分配制度为：在利润分红上采取保底分红的分配方法，即每股每年保底分红300千克粳稻、25千克小麦；二次分配视合作社实际效益而定，2005年、2006年、

2007年、2008年二次分红分别为100元、145元、170元、180元；60周岁以上的老人每年发放生活补助费300元。

（3）在建重点项目。合作社目前在建的重大项目是江都市渌洋湖合作经济组织试点项目。该项目是在国家农业产业化政策的要求下，以农业资源开发利用为目的，拟通过项目的实施改善地区生产条件。项目以种植优质有机大米，发展高效农业为重点，促进农民增收致富；合作社通过实施该项目，利用其水禽养殖所产生的粪便经过处理，作为生物有机肥料，并且严禁用高效农药，采用生物农药，这样每亩可收获有机稻谷375千克以上。通过此项目的实施，可以进一步促进农业增效，增强合作社经济实力，对促进农村的繁荣和稳定，改善和提高农民的生活质量，农民增收有着重要意义，同时该项目除了可以带动合作社的农民直接增收外，也起到了带动辐射作用，有利于形成新的产业化经营模式，为扬州市下河地区产业结构调整创造示范平台。

（4）合作社成立的必要性。首先，合作社的建立符合国家产业政策和行业发展规划。在建设社会主义市场经济体制的过程中，国家产业政策的重点是加快农业发展步伐。农民专业合作经济组织是继农村家庭联产承包责任制以后，深化农村改革的又一次经营体制创新，是我国农村经济发展的必然。建立江都市渌洋农林综合开发土地股份专业合作社，发展有机种植业是农村产业结构调整的新兴行业，也是高效益生态农业的有利载体，是农民致富的重要途径。因此，江都市渌洋农林综合开发土地股份专业合作社的建立完全符合国家的有关方针政策。

其次，合作社的建立有利于促进农业增效，农民增收。江都市渌洋农林综合开发土地股份专业合作社所在地区人少地多，土地集中连片，发展的后劲足。通过建立江都市渌洋湖合作经济组织，将大大提高当地的综合生产能力，并且带动周遍地区的生产能力的提高，同时有利于推动产业化结构调整。合作社利用其所属的中低产田2 000亩，发展高效农业，促进农民增收致富，有利于保护和改善自然生态环境，推进农业可持续发展，实现经济、社会和生态效益的有机统一。尤其是合作社目前的重点项目江都市渌洋湖合作经济组织试点项目建成后，预计亩产有机稻谷375千克，每年高效农业比普通农业可增收28万元，可以给合作社范围内的农民带来客观的经济收益和巨大的效益，同时，还可以带动周边广大农民长期就业85人，每年可增加20万元的工资收入。

（5）合作社建设的有利条件。自然资源是合作社建立和发展的首要外在优势。江都市渌洋农林综合开发土地股份专业合作社所处地比较肥沃，有机质含量在2%左右，气候适宜，雨量充沛，光照充足，有利于高效农业规模化的发展。合作社所在乡村是新农村建设示范村、扬州市级自然保护区，生态环境保护较好。其重点项目的项目区是扬州市高效农业规模化示范区，该区域土地平整，排灌骨干工程基本配套完善，且空气清新，水源充足、清洁、无污染。

另外，交通条件的优势在当地十分显著。江都市渌洋农林综合开发土地股份专业合作社位于江都市渌洋湖畔，西邻古老的大运河，淮江公路穿境而过，东临南水北调的东线工程三扬河和京沪高速公路，宁启铁路穿境而过，并设有集散便捷的客运货站，区位优势明显，交通运输便捷。

除此之外，合作社积极构建其技术支撑网络。江都市渌洋农林综合开发土地股份专业合作社与扬州大学畜牧兽医学院和园艺与植保学院有良好的合作关系，合作社拥有中高级科技人员15名和日常生产中所需的仪器设备，为发展高效农业规模化提供了强有力的人才保障和技术支撑。另外，合作社为保证目前在建的重点项目的有序实施，计划组建江都市渌洋农林综合开发土地股份专业合作社项目领导小组，小组由市政府牵头，市农开局、财政局、农林局以及合作社建立了相应的管理、生产、销售机构，按效能原则，配备精干的管理、技术人员。

（6）效益分析。江都市渌洋农林综合开发土地股份专业合作社的效益主要体现在经济效益、社会效益、生态效益三个方面。

首先是经济效益。就其目前的重点项目而言，合作社可向社会提供有机大米 319 吨，较往年增收 28 万元，另外年底的二次分红每股达 300 元，显著增加农民收入；同时改善了生产环境，提高土地产出率。

其次是社会效益。江都市渌洋农林综合开发土地股份专业合作社通过调整生产结构和经营结构，新增劳动力超过 85 人，在劳动就业、促进社会主义新农村建设、保持社会稳定等方面具有重要意义。

最后是生态效益。江都市渌洋农林综合开发土地股份专业合作社成立后，制定有机稻谷种植规程，严格控制化肥、农药的使用量，大幅提高区内水资源利用率，大大改善区内的生态环境，进一步优化了有机稻米的生产条件。同时，通过农田林网建设，达到涵养水源、净化水源和空气的作用，为今后开发湿地旅游、繁荣地方经济打下基础。

2. 句容市郭庄镇赤湖水产专业合作社

（1）基本情况。句容市郭庄镇赤湖水产专业合作社是在 2006 年原郭庄镇水产合作社的基础上，为发展中华绒螯蟹养殖项目而建立。合作社于 2007 年 11 月 14 日在句容市工商局依法登记注册，以合作制的形式取得法人资格。目前，该合作社已有社员 92 户，养殖面积 3 000 亩，带动周边养殖户 310 户，辐射面积 5 000 亩，合作社从 2007 年开始主要以中华绒螯蟹养殖为主养品种，套养青虾、鳜鱼、花白鲢等淡水水产养殖品种。

合作社的法人代表是句容市郭庄镇人民政府农业服务中心主任，为中共党员、农艺师。在其担任农业服务中心主任的近四年时间中，曾先后荣获镇江市 2003—2004 年度十佳农技推广单位、镇江市2005年度农业农村工作先进个人、江苏省2007年度稻麦高产创建活动水稻丰产三等奖、镇江市工商经纪人协会突出贡献奖、2008年度江苏省农林系统先进工作者。2005年下半年，作为农服中心主任，发现全镇水产养殖大户仍以常规“四大”家鱼为养殖主打品种，各户分散经营，由于品种单一，效益不理想，在市场上缺乏竞争力。2006年，在他的牵头下，组织28户养殖户成立了郭庄镇水产专业合作社，并从高淳聘请技术人员5人参与合作社经营。近两年来，专业合作社生产规模扩大，吸收新社员加入，由当初28户发展到现在社员92户。合作社讲究市场诚信和经营道德，积极扶持劳弱资少的水产养殖户，以合作社现有基本条件辐射带动周边农户积极参与合作社的养殖生产，帮助其共同提高效益，在当地拥有良好的社会形象。可见，句容市郭庄镇赤湖水产专业合作社属于典型的政府部门扶持型合作社。

（2）运行机制。郭庄镇赤湖水产专业合作社产权归合作社全体社员所有，财务独立核算，自负盈亏，坚持自主经营，自我服务的方针，有严格的合作社章程和财务管理制度。合作社现有农民社员92户，其中83户进行的是水产养殖项目，另外9户是由有市场经营经验的成员组成，负责水产养殖户的饲料采购和对外营销的组织工作。

在生产管理方面，郭庄镇赤湖水产专业合作社具有完整的规章制度，实行专人承包，以充分发挥能人作用；实行报酬与业绩挂钩，权利与责任、义务同等，不断提高产品质量。在营销方面，对于已经订立了长期销售合同的经销商，郭庄镇赤湖水产专业合作社进一步巩固与加强互助合作的供销关系，同时不断开拓其他大中城市的市场，拓宽销售渠道，促进合作社的发展壮大，增加农民收入。

（3）财务状况。句容市郭庄镇赤湖水产专业合作社2007年的资产总额为1 263.3万元，固定资产634.4万元，流动资产

628.9 万元，负债总额 327.3 万元，资产负债率为 259%。所有者权益 936 万元，实收资本 7.6 万元。营业收入 1 382.6 万元，净利润 569.3 万元，营业利润率 41.17%，可见合作社财务状况良好。

（4）在建重点项目。句容市郭庄镇赤湖水产专业合作社目前在建的主要项目是年产 200 吨中华绒螯蟹水产养殖基地改建工程，主要是对句容市郭庄镇庄里、郭庄、百丈 3 个行政村已有的绒螯蟹水产养殖基地进行相应的改建和扩建。此项目范围东至郭庄村汤巷自然村农田，西至庄里村张朝路，南至百丈村，北到庄里村詹家边自然村，实施面积 3 000 亩，以中华绒螯蟹套养青虾、白虾、花白鲢等进行生态养殖，年产各类水产品 29.76 万千克，其中，蟹 15 万千克，青虾 3 万千克、鱼 1.26 千克、花白鲢 7.5 万千克，其他水产品 3 万千克。项目建设期限为一年。主要建设内容为新铺设 5 250 米砂石道路，建设机耕桥一座，2 000 亩鱼池改造加固土方工程，新建涵洞 3 座，流动机台 10 座。变压器一台套，低压线路 3 000 米。

（5）合作社的优势。郭庄镇赤湖水产专业合作社的成立具有先天的自然资源优势和区位优势。郭庄镇国土总面积 130 平方公里，拥有耕地面积 7 万亩，可养水面 1.8 万亩，2008 年人口 5.9 万，劳动力 3 万人，具有丰富的土地资源和劳动力资源。从气候条件来看，其属于北亚热带湿润性季风气候区，自然资源、气候条件优越，常年日照总时数 2 151 小时，年日照率 49%，年相对湿度 78%，年平均降雨量 1 022.7 毫米，年平均风速 3.2 米/秒，无霜期 229 天，具有四季分明，光照充足，雨水充沛的特点。并且合作社生产范围周边无任何工业企业，是特种水产品养殖的理想位置。目前仅年产 200 吨中华绒螯蟹水产养殖基地项目就已建成精养鱼池 3 000 亩。河蟹养殖是当地发展特种水产养殖的主导品种，占全镇养殖面积的 1/3 以上。此外，合作社所处的水网圩区，以及周边生态环境优越，水产品均有无公害食品认证，生产过程完全按照无公害食品标准和技术规程执行，产品具有高品质和高质量。加之郭庄镇所处地理区位，距离经济较为发达的南京、镇江、常州三大城市都较近，均处于一小时都市圈内。因此，尽管目前河蟹、鱼、青虾等特种水产品的市场价格较前几年略低，但对于合作社的特种水产品市场需求仍然旺盛。近年来，合作社的特种水产品在南京、镇江、常州三个城市保持了较高的销量。

句容市“十一五”规划中，将新增亩效益 2 000 元以上的高效养殖面积 15 000 亩，而合作社重点发展的有特色的规模化生态养殖区域正是句容市的产业规划中，水产品商品生产的名特优水产品养殖区，同时也是句容市高效渔业示范基地的核心区。在养殖品种方面，郭庄镇赤湖水产专业合作社推出的河蟹生态混养是重点推广的五个高效养殖模式之一，符合政策中所要求的科技含量。这是郭庄镇赤湖水产专业合作社发展具有的良好的政策优势。此外，郭庄镇赤湖水产专业合作社积极创立自身的科技优势。合作社常年聘请句容市水产技术指导站高级工程师洪玉定担任技术顾问，培养出多名乡土技术人才；并定期开展技术培训活动，一般在每年的 7—9 月进行，要求全体社员每月轮训一次，周边和附近地区的水产养殖户均可免费参加。同时，合作社成立由句容市农业局、句容市水产站以及合作社的技术人员共同组成的技术组，明确分工。合作社拥有真正长江系中华绒螯蟹蟹苗源，完全可以保证蟹苗的纯度，这是其近年来保持较高经济效益的关键和优势。在此基础上，合作社在先进项目中运用生物链相互关系进行生态养殖技术，制定放养模式和技术操作规程，以塘口为单位，建立技术档案，并搞好社员的技术培训，提高养殖水平。

(6) 农民增收与农业增效。郭庄镇赤湖水产专业合作社通过大力发展水产套养池塘养殖打破了地区传统的四大家鱼养殖模式，对拉长农业产业链条，促进农业产业化经营，加快推进高效渔业规模化进程具有重要作用。合作社培育了特种水产养殖中最具特色的河蟹的养殖产业，为当地建立起优势主导产业，每年能够为基地社员增加收入100万元，同时通过示范带动作用，辐射带动周边农民增收400万元，为促进渔业增效、农民增收，加快社会主义新农村建设作出突出贡献。

（7）合作社面临的主要障碍因素及解决方案。经调查了解，郭庄镇赤湖水产专业合作社的发展壮大受到一些因素的制约。一是养殖总量增长缓慢。由于句容市的地形地貌特殊，既有丘陵地区，又有平原圩区，一旦出现连续少雨或多雨天气，即会发生局部的干旱或洪涝等自然灾害，导致水产养殖总量呈现出不稳定的增长态势，总量波动明显，这就影响到总量的稳定持续增长。二是受科技水平所限，大面积养殖单产平均水平仍然偏低，产品质量不稳定。

对于以上问题，可采取的解决方案包括：一是引进和应用先进的养殖技术，克服自然灾害，保证总产以及产品质量的稳定提高。二是加强水产品质量管理，通过建设无公害水产品生产基地生产无公害水产品，大力推广生态、健康的养殖模式，逐步提高水产品质量，提高水产养殖业的市场竞争力，进而从根本上提高水产养殖的经济效益。

3. 宿迁市宿豫区岭西蚕业专业合作社

（1）基本情况。宿迁市宿豫区岭西蚕业专业合作社于2004年8月经宿豫区政府有关部门批准成立，在2007年4月经宿豫区工商管理局注册成为正式的经济实体，注册资金3万元，至2009年3月增资为120万元。宿迁市宿豫区岭西蚕业专业合作社是宿豫区建设比较完善的蚕桑生产和经营的专业合作社，合作社现有桑园面积1 600亩，带动周边桑园2 000多亩。合作社社长具有法人身份，历任岭西村第五村民小组组长，村民委员会团支部书记等，并且其担任支部书记以来，该村先后十几次被评为侍岭镇经济建设先进村、优秀村党支部等。合作社目前具有社员

310 名，其中，309 名是侍岭镇岭西村的村民，1 名是企业会员。按照合作社的章程，选举产生理事会成员 5 人，监事会成员 3 人，现有办公活动室 180 平方米。宿迁市宿豫区岭西蚕业专业合作社属于种植类政府扶持型合作社。

（2）运行机制。宿迁市宿豫区岭西蚕业专业合作社实行以“民办、民管、民受益”为原则，实行社员分户管理，单独核算，入社自愿，退社自由，风险共担，利益均沾，按社员的交易额和股份多少对社员进行二次分配的经营方式。合作社的主要服务内容是为成员优惠供应蚕种、蚕药、蚕具，进行无偿技术指导和统一经营合作社产品，通过产品统一管理、统一经营、利润返还、风险共担的经营机制，保障合作社社员收入，促进产业发展，推动地方经济发展。

（3）财务状况。2007 年宿迁市宿豫区岭西蚕业专业合作社总资产 125.7 万元，其中固定资产 82.9 万元，流动资产 42.6 万元，负债总额 31.8 万元，所有者权益 93.6 万元，实收资本 3 万元，资产负债率只有 25.3%。截止 2008 年底，合作社总资产 348.5 万元，其中固定资产 187.6 万元，流动资产 160.86 万元，负债总额 108.7 万元，所有者权益 239.8 万元，实收资本 120 万元。2008 年实现销售收入 323.2 万元，获得利润 28.8 万元，资产负债率只有 31.2%。2008 年底入股社员达到 120 人，每股金额 10 000 元，其中土地入股 102 人，以实物及现金入股 18 人，股金总额 120 万元。

（4）在建重点项目。宿迁市宿豫区岭西蚕业专业合作社在建的重点项目是宿豫区 2 100 亩蚕桑基地扩建项目，该项目总投资 333 万元，其中财政补贴 80 万元，企业自筹 253 万元。建设 2 100亩蚕桑基地，实现年养蚕 4 000 张，产茧（干茧）120 吨。具体的建设内容是建设小蚕共育室 1 000 平方米，省力化养蚕大棚 8 000 平方米，购置自动蚕茧烘干机 3 台，购买电脑评茧仪 4 台等机器设备，并且平整土地，引进蚕桑新品种，对社员和其他养蚕户进行桑蚕科学管理和喂养等方面的技术培训等。

(5) 合作社建立的必要性。首先，合作社的建立有利于培育壮大当地主导产业，推动地方农业发展。宿豫区是蚕桑生产大区，是江苏省蚕桑生产的重要基地，蚕桑茧产业作为宿豫区的主导产业之一，它的兴衰直接关系到农业增效、农民增收和农村稳定。合作社的建立对稳定和扩大当地蚕桑面积，保障企业生产原料，壮大当地主导产业，增加农民收入，推动地方农业经济发展都具有积极的推动作用。

其次，合作社的发展能够促进当地农业和农村经济结构调整。国内茧丝绸的产业布局处于不断调整之中，茧丝绸生产中心已由经济发达地区向经济欠发达地区转移，江苏省也在实施“南桑北移”的战略。宿迁市属于苏北经济欠发达地区，在这一战略转移的进程中具有得天独厚的基础优势和有利条件。发展蚕桑生产有利于进一步促进当地农业结构调整，带动农业增效、农民和地方财政增收；有利于进一步提高农村剩余劳动力的就业率；同时，发展桑园可以有效提高全市森林覆盖率，大大减少农药对土壤及地下水源的污染，促进生态环境的建设。

再次，合作社的发展有利于提高农民收入。合作社建立后，积极向农民提供农业科技培训，推广普及新的工艺技术，以提高亩桑产量及蚕茧质量。据调查，实施新工艺技术后，每亩可增收鲜茧 25 千克以上，实现增收入 500 元；每 500 克鲜茧可在原来 11～12 元的基础上平均升值 1.5 元左右，亩可增收 120 元。此外，通过合作社利润的二次返还，每年可实现增收 130 万元；通过合作社重点项目的实施，合作社蚕农年人均增收可达 750 元左右。

(6) 合作社的优势。合作社经营品种的特殊性必然依靠其自然资源的优势。宿豫区土壤肥沃、气候适宜、无大气污染，有利于栽桑养蚕。特别是无霜期较长，更有利于蚕桑生产，每年可四季养蚕。宿豫区区委区政府为了进一步培育壮大蚕茧产业，决定到 2009 年将全区蚕桑面积由现在的 6 万亩扩建到 8 万亩，这将为宿豫区蚕茧产业和龙头企业的发展奠定坚实的基础。

其次，省政府及当地政府对于桑蚕茧产业的重视以及政策支持是合作社得以发展的巨大优势。桑蚕茧产业是宿豫区农村经济发展、农业增效、农民和财政增收的重要产业。当地区委区政府十分重视支持蚕桑发展，在《关于加快农村产业结构调整，培育主导产业的意见》中，确立了茧业丝绸产业作为宿豫区支柱产业的地位，在政策上给予倾斜、资金上给予扶持。特别是江苏省政府将宿豫区确定为徐宿优质蚕茧优势发展区域，这为宿豫的桑蚕业发展提供了良好的发展机遇。市、区两级政府把桑茧丝产业的发展和农民增收致富紧密联系起来，要求茧丝绸产业的发展要从提高农民科学种养技术、提高桑园产出、提高蚕茧质量、增加蚕农收入抓起，从企业与农民建立紧密经济合作关系做起，尽快提升整个产业的档次，增强产业的综合竞争力。因此，合作社的建立，既符合国家的产业政策，又是政府重点关心和扶持的对象，具有良好的政策环境和发展前途。

另外，宿迁市宿豫区岭西蚕业专业合作社具有显著的市场优势。国家级龙头企业江苏玖久丝绸股份有限公司具有自主出口权，现有固定资产 5 769 万元，包括 22 组自动缫丝机，480 台丝织机、24 台箭杆织机、一条坯绸精练生产线、6 台套蚕茧自动烘干机、132 副茧灶及 2 000 亩科技示范园区，500 亩良种桑田繁育基地。2008 年消耗鲜茧 10 多万担、烘干茧 2 000 吨，生产真丝坯绸 600 万米。创产值 9 669 万元、税收 560 万元、利润 413 万元。该企业的主要加工能力在侍岭镇，与岭西村相邻，是岭西蚕业专业合作社的社员。岭西蚕业专业合作社与该公司建立了紧密的合作关系，签订了产品长期保护价收购合同，因而产品具有稳定的销售渠道，这是合作社得以发展壮大的巨大市场优势。

同时，岭西蚕业专业合作社具有显著的科技优势。20 世纪 80 年代，中国农科院蚕业研究所在宿豫区进行企业化养蚕的科研项目，当地云集了众多高端技术人员，多次为当地农民举办技术培训班，岭西村部分蚕农也从中获益，种养技术得到大幅提高，种养的规模也有所扩大。合作社成立后，与苏州大学蚕桑研究所宿豫研究中心建立稳定的合作关系，获取其技术支持和培训服务，目前合作社桑园全部栽种 70—3 桑优良品种，该桑苗品种产叶量多，抗病能力强；并成功推广了室外大棚养蚕和方格蔟预挂营茧等新技术，桑园的产叶量和蚕茧的产量、质量都比传统蚕茧生产模式提高了 5 个百分点，对于增加农民收入发挥了极为重要的技术支持作用。

研究以上案例不难发现，农民专业合作经济组织均是围绕某种具有明显地域优势的农产品，提供产前、产中、产后的各类服务。其具体的组织形式多样，可以是龙头企业带动型、可以是农村能人大户牵头型、亦可以是政府部门扶持型。其中，龙头企业带动型的农民专业合作经济组织以保护价加浮动价的方式收购农产品，保护农民利益，激发农民的生产积极性，对于转移农村剩余劳动力发挥着巨大作用；农村能人大户牵头型以及政府部门扶持型的农民专业合作经济组织以统一购置生产资料、提供技术培训服务及市场信息、开拓销售渠道等为主要服务范围，这种形式有利于农业标准化生产，提高农产品科技含量，科学抵御病虫灾害及市场风险，为农民解决销售难的问题。

在组织机构及运行机制方面，各合作社大同小异。被调查对象均以成员（社员）大会为最高权力机构，实行经典的“一人一票”制保证成员的民主权利。发展较为完善的合作组织同时设立理事会对成员大会负责，设立监事会作为合作社的监察机构；其他一些发展时间较短的合作组织暂未设立理事会、监事会机构。

在利润分配机制方面，合作组织以按股金分红和按交易额（量）返还两种方式为主，并以两种方式相结合最为普遍。在分配利润之前，合作组织均先从当年盈余中提取一定比例的公积金，用于扩大生产经营、弥补亏损或转成成员出资；提取一定比例的公益金，用于成员的技术培训、合作知识教育及文化、福利事业和生活的互助互济，对于公积金、公益金的提取比例各合作社自有规定，需要指出的是，大部分合作社都明确规定了用于成员技术培训的比例，可见不同类型的农民专业合作经济组织都尤其注重对成员的科技培训。

7.3　本章小结

本章根据农民专业合作经济组织行业性质和发起动因的两种不同分类，对江苏省各地区富有代表性农民专业合作经济组织进行案例研究，从行业性质的分类来说，江苏省农民专业合作经济组织还是以种植业和养殖业为主，种植业类的农民专业合作经济组织都具有得天独厚的自然条件和基础条件，形成了该地区特殊的种植优势，并且有能人或者大户带头，将当地农户吸收成为合作社会员，从种植环节起至销售环节，提供技术、信息咨询服务，从而最终形成品牌效应，占领市场。养殖业类的农民专业合作经济组织都围绕某一收益率较高的农产品及其相关服务而组建，实现统一销售。

从发起动因的角度看，农村能人牵头型合作组织主要包括专业大户牵头型和村干部牵头型合作组织。这些村干部和专业大户懂技术，会管理，有丰富的种养经验或经营渠道，在农村有较高的声望，在农民专业合作经济组织中具有举足轻重的作用。这类农民专业合作经济组织是为了解决生产规模扩大所带来的生产资料购销和产品销售的困难，由专业生产同种农产品的农民在从事生产或运销的农村能人的牵头下建立的。村干部牵头型农民专业合作经济组织是适应本村专业生产某种农产品的村民的要求而建立的。当专业生产的农产品产量达到了一定规模时，数量较多的村民希望联合起来销售农产品以便扩大收益、降低风险。村干部是一村的政治代表，有发展本村经济的责任。凭借着在村民中的威望，他们往往被村民推举为本村农民专业合作经济组织的领头人。专业大户由于生产规模或经营规模大，所以其收益受市场的影响比普通农民要大出许多。较之于单独经营，农民专业合作经济组织更能降低市场风险、节省交易费用。所以专业大户为了扩大市场份额，获得规模报酬，在激烈的市场竞争面前，对于联合专业生产农户组建农民专业合作经济组织，他的要求比任何普通农民都要强烈。最重要的一点在于，在农民专业合作经济组织中，专业大户由于生产规模占优势而成为协会的最大受益者。

而龙头企业带动型合作组织是另外一种发展模式。为了克服企业和农户两个利益主体价值背离的弊端，降低两者之间的交易成本，一些从事农副产品购销、加工的龙头企业主动将分散生产的农民组织起来，成立原料生产供应型的生产合作组织。龙头企业依据自身产销情况确定原料需求计划，与农民专业合作经济组织签订合同；合作经济组织再给每位成员确定农产品生产量。农民按计划生产，减少了生产的盲目性，解决了产品销售问题，而龙头企业也获得了稳定的供货渠道和原材料生产基地，实现了“双赢”。

总体来看，江苏省的农民专业合作经济组织形式多样。从组织的产生过程来看，有完全由农民自发组成的合作组织，有政府直接扶持创建的合作组织，也有政府与农民联合新办的合作组织；从组织的外部形式来看，农民专业合作经济组织不再是会员之间的单一联合，而实现了与企业或其他社会组织的联合，如“公司＋农民专业合作经济组织＋农户”模式。较为典型的农民专业合作经济组织在发展目标、组织形式、运行机制、利益联结机制等各方面均已较为规范。无论是农村能人牵头型合作组织，还是龙头企业带动型合作组织，都有利于实现标准化生产和经营，有利于规避小农户式的生产及销售风险，有利于提高农产品竞争力。那么究竟采用何种模式发展农民专业合作经济组织，还依赖于当地的现实情况，如当地是否具有足以影响带动广大群众的生产、营销能人来牵头成立合作组织，是否具有能够消化大量农产品的龙头加工企业，要因地制宜地选择发展模式，组织当地农产品的生产和销售服务，促进农业发展，提高农民收入。

第八章　结论与政策建议

8.1　主要研究结论

本研究主要基于我国合作组织自身发展的特点，以江苏省为例，从理论和实证的角度对农民专业合作经济组织的发展进行全面系统的分析，研究内容主要包括：农民合作组织定义的种类以及组织基本范畴的界定；对江苏省农户参与农民专业合作经济组织的意愿及其影响因素进行分析；针对江苏省世行项目区的农民专业合作经济组织的运行情况进行分析；农民专业合作经济组织信贷影响因素分析；农民专业合作经济组织经营绩效的影响因素分析。根据对江苏省合作组织的调查数据，得出以下结论：

1. 江苏省农民专业合作经济组织形式多样

从组织的产生过程来看，有完全由农民自发组成的合作组织，有政府直接扶持创建的合作组织，也有政府与农民联合新办的合作组织；从组织的外部形式来看，农民专业合作经济组织不再是会员之间的单一联合，而实现了与企业或其他社会组织的联合，如“公司＋农民专业合作经济组织＋农户”模式。较为典型的农民专业合作经济组织在发展目标、组织形式、运行机制、利益联结机制等各方面均已较为规范。

农民对农民专业合作经济组织整体服务平均满意度为 4.46（非常满意 5 分，满意 4 分，一般 3 分，不满意 2 分，很不满意 1 分），对生产技术培训、提供种苗、统一供应农药化肥、统一产品品牌、统一运输销售、统一对外签订合同、灾害和困难时提供帮助等各项服务的满意程度也很高，可见农民专业合作经济组织所起的作用得到了农民的认可。

2. 农户参与农民专业合作经济组织的意愿分析

从描述统计分析的结果来看，在被调查的 292 人中，有 223 人加入农民专业合作经济组织。随着年龄的增加，每一年龄段加入合作组织的比例大致上是在升高的；农业收入占家庭收入比重越高，农户加入农民专业合作经济组织的比例总体上逐渐升高。在未加入农民专业合作经济组织的 69 人中，有 33.33%的人因为周围无人组织建立农民专业合作经济组织，有 37.68%的人因为自己家的土地不在征用范围内而没加入，有 10.14%的人认为加入农民专业合作经济组织并不能改变现状，20.29%的人认为已有的农民专业合作经济组织并没有发挥多少作用，另外有 20.29%的人不了解农民专业合作经济组织。

对农户参与农民专业合作经济组织意愿的实证分析结果表明，户主年龄对农户加入农民专业合作经济组织的意愿有正向影响。随着年龄的增大，自身精力和体力对农户产生了限制，导致生产和销售过程中面临相对多的困难，以及非农就业的可能降低，使其倾向于得到农民专业合作经济组织的帮助。户主的文化程度是影响农户参与农民专业合作经济组织的重要因素之一，农户的受教育年限越高，其文化素质和认知能力越高，对农民专业合作经济组织的认识和理解则越好，加入农民专业合作经济组织的意愿也就相对越强。

农业收入比重对农户加入农民专业合作经济组织具有显著的正向影响。农业收入比重越高，对农业收入的依赖性越强，在农业生产经营过程中，自然、市场、技术、政策等各方面引发的风险对其生活造成的影响越大，这部分农民更倾向于选择参加农民专业合作经济组织抵御风险，增加收益。

劳动力负担系数对农户加入农民专业合作经济组织有着显著的正面影响。劳动力负担系数越大，说明一个家庭的劳动力负担越大，越是需要寻求途径减轻家庭负担，那么加入农民专业合作经济组织的可能性越大。

有亲戚朋友加入农民专业合作经济组织的，会增强农户的加入意愿，模型结果显著。因为目前我国农民的行为仍然容易受周围人影响，行为具有“羊群效应”，即很强的趋同性，这也是由农户对农民专业合作经济组织能否真正发挥作用抱有疑虑造成的。

家中是否有党员和农户的加入意愿关系不显著。在加入农民专业合作经济组织的农户中，62%的户主是党员，而在未加入农民专业合作经济组织的农户中，55%的户主是党员。两者比例都较高，但入社农户中党员比例相对更高，可见党员在农户入社决策上起了一定的正面作用。

家中是否有人参军或外出打工与农户的加入意愿不显著，且符号为负。这可能是因为有参军或外出打工经历的人，对市场环境下的经济规律较其他农民理解更为深刻，则有可能把资金和劳动力从高风险、低收益的农业生产转而投向效益更高的非农领域，因此无需加入农民专业合作经济组织抵御风险，增加收益。

户主的性别对农户加入农民专业合作经济组织的意愿的影响不显著。随着人们思想观念的转变，农村中女性的地位越来越高、受教育程度也与男性相当，农村家庭趋向民主化，改变了男性当家作主的传统。所以户主的性别对其加入农民专业合作经济组织的意愿不具有显著影响。

3. 世行项目区农民专业合作经济组织的分布状况

从名称上看，世界银行在苏北计划扶持的农民专业合作经济组织中所区分的专业协会和专业合作社的数量比例是8∶1，只有3家合作社，专业协会的数量占绝对优势。在调查中我们发现，一些专业协会已更名为专业合作社。但实际上这两种农民专业合作经济组织的边界并不清晰，业务上两者互有交叉，如部分非盈利的专业协会像专业合作社一样对外开展盈利活动，对非会员提供和会员同样的技术服务，收取更高的服务费用；两种组织成员利益联结方式也存在重叠部分，如部分合作社只具有协会的性质，对社员只提供技术销售信息服务，经营是各社员独立进行，没有利润分配。

从行业上看，多数农民专业合作经济组织都围绕某一收益率较高的农产品相关服务组建，并且在农产品种植业的分布较多。根据对15家合作组织的调查表明，苏北农民专业合作经济组织围绕市场化、专业化程度较高的蔬菜、水果、花卉、药材等产品生产，开展技术、信息服务和农资供应、产品销售等经营服务活动。在15家农民专业合作经济组织中，从事种植业的有11家，占73.3％，专业从事农产品加工和营销的各有2家，各占总数的13.3％。

从地理上看，由于许多合作组织成立的初衷是解决农产品销售难的问题，因而农民专业合作经济组织大多建立在农产品专业生产区域的村，或是政府所在地，距离省市的交通干线都很近，便于运输，也有利于加强农民专业合作经济组织与外界的联系，加强外部市场的及时信息传递。

4. 农民专业合作经济组织信贷的影响因素分析

对苏北地区农民专业合作经济组织信贷影响因素的实证分析结果表明，苏北地区农民专业合作经济组织的发展受到资金的制约。苏北地区农民专业合作经济组织的发展还处于起步阶段，农民专业合作经济组织的发展受到多种因素的制约，如资金、市场、技术等，其中资金是最主要的制约因素。农民专业合作经济组织资金满足情况较差，短期流动资金和中长期资金需求都存在较大缺口。资金短缺严重制约了农民专业合作经济组织扩大规模和投资新项目。

苏北地区农民专业合作经济组织获得借款的主要来源是民间信贷，因为民间借贷不需要抵押和担保，手续简单，发生在农民专业合作经济组织和民间信贷资金供给者之间的借贷是农民专业合作经济组织主要的信贷资金来源。正规借贷在农民专业合作经济组织借款中的比例很小，说明农村正规金融机构的信贷服务没能满足农民专业合作经济组织的信贷需求。

在很大程度上，贷款的发放取决于抵押品的质量和数量。可作为抵押品的资产包括农民专业合作经济组织所拥有的土地、房地产、机器设备、动产、专用设备等。因此，农民专业合作经济组织的固定资产规模显著影响农民专业合作经济组织获得贷款的规模。组织固定资产规模越大，可用作抵押的资产越多，获取正规金融机构抵押贷款的可能性越大。同时也使民间信贷资金供给者对农民专业合作经济组织的资信评价提高，进而影响农民专业合作经济组织民间借贷的获得。

农民专业合作经济组织上一年的信贷规模影响当期的信贷。农民专业合作经济组织前一年的借款规模越大，当年的信贷借款规模也随之增大，影响效果显著。农民专业合作经济组织获得贷款资金后，其资金需求得到一定满足，可以扩大生产规模、投资新项目，使得农民专业合作经济组织的经营状况改善，资信水平提高，资金需求量进一步扩大；再者，前一年的借款如果都按时还本付息，资金供给者对农民专业合作经济组织的资信评价会提高，有助于当年借款。

5. 农民专业合作经济组织经营绩效的影响因素分析

从对农民专业合作经济组织经营绩效的影响因素的实证分析结果可以看出，显著影响农民专业合作经济组织绩效因素有：主要管理人员的年龄、受教育程度以及组织规模的会员数和辐射农户数、是否与 WUA 相互配合。苏北地区的农民专业合作经济组织的主要管理人员的年龄对组织的绩效产生负向影响，主要管理人员的受教育年限对组织的绩效变化将产生正向影响；组织的会员数与所辐射的农户数在一定程度上对组织的绩效都产生正向影响；加强农民专业合作经济组织与 WUA 的配合将有利于组织的发展。

农民专业合作经济组织的年固定资产、管理费用、政府支持、银行贷款以及他人捐赠未能通过显著性检验。究其原因，年固定资产是当年的投入，而其具有滞后效应，因此发挥作用不能在当年的绩效变化中显示出来；而外部资金的三个变量主要是样本量少所致；此外，管理费用对农民专业合作经济组织的绩效也不能够产生影响。主要原因是对组织机构的管理，其效应发挥也具有一定的滞后性，并不能立竿见影地显现出来。

8.2 政策建议

本研究结合江苏省合作组织自身发展的特点，通过对农民专业合作经济组织的发展进行理论和实证的分析，重点研究了江苏省农户参与农民专业合作经济组织的意愿及其影响因素、江苏省世行项目区的农民专业合作经济组织的运行情况、农民专业合作经济组织信贷的影响因素和农民专业合作经济组织经营绩效的影响因素。基于以上分析，得出农民专业合作经济组织发展的相关政策建议如下：

（1）由于农户参与农民专业合作经济组织的行为受到农户自身因素和外部条件的共同影响，有其发展的内在规律性。各级政府在制定发展农民专业合作经济组织的政策时，应该综合考虑各地的经济状况，尊重农民自己的意愿和选择，绝不能强求一律，而应因地制宜地引导农户发展农民专业合作经济组织。

（2）在推动农民专业合作经济组织发展的过程中，应重视农村人力资本的建设。研究结果表明，农户户主的文化程度是影响农户参与农民专业合作经济组织的重要决定因素；农民专业合作经济组织的主要管理人员的受教育年限与组织的绩效变化成正比。而现实情况是，组织者和领导者整体文化水平不高，素质较低，缺乏现代生产技术和经营管理经验，对新技术的接纳和推广能力较差；会员农户的素质明显偏低，导致农产品科技含量不高，制约了农民专业合作经济组织的发展壮大。因此必须加强对成员文化素质的培养和科技知识的培训，使管理骨干及普通成员适应现代农业生产发展的要求，能够把握市场经济规律，以市场需求为指引科学安排生产，掌握科学种植技术，并提高农民的合作意识和风险意识。

（3）由对未参加农民专业合作经济组织的农户的调查可知，大部分农户仍有入社的意愿，但由于周围没有农民专业合作经济组织，或者自家土地不在农民专业合作经济组织的征用范围内，以及对农民专业合作经济组织的不了解而未加入。所以通过宣传农民专业合作经济组织的职能，完善农民专业合作经济组织的服务，提高农民专业合作经济组织的运行效率，农民专业合作经济组织势必会得到更好的发展，使得更多的农户受益。

（4）农民专业合作经济组织的发展具有很强的正外部性，有利于农民收入的提高、农业的产业化发展。农民专业合作经济组织的建立本身又可以减少农产品买方垄断市场下的效率损失，因此政府应当给予农民专业合作经济组织各种形式的大力支持，如税收优惠、政策性贷款、扶持基金等。从对农民专业合作经济组织信贷影响因素的分析结果中更是可以得出几点启示：

加大针对农民专业合作经济组织等农村经济主体的正规信贷资金的供给。目前在中国的农村金融市场，正规金融机构资金供给不能满足市场需求。必须采取有效措施增加农村信用社的可贷资金，或者加大农村政策性贷款的发放，增加农村正规金融机构的多样性，增强农村金融市场的竞争和资金供给。进一步改革和规范农村金融机构的贷款制度和贷款的监督制度，克服正规金融机构存在的人为控制贷款发放因素，真正做好抵押和担保工作，有效控制金融机构自身风险。改革针对农民专业合作经济组织的贷款抵押制度，让农民专业合作经济组织的可用资产发挥作用，使农民专业合作经济组织能够有更多更便利的资产作抵押。

规范和发展农村民间金融。农村民间金融对农民专业合作经济组织资金短缺问题的解决有着不可忽视的作用。但由于缺乏必要的政策、法律方面的规范和引导，农村民间金融信贷发展步履维艰，农村民间金融还不能适应农村经济发展的需要。因此，有必要对农村民间金融的融资形式、受贷对象、运行机制及监管等进行深入研究。规范其行为，以充分发挥民间金融对农民合作经济组织的资金支持作用，合理引导农村自有资金用于农民专业合作经济组织和农村市场的生产与经营。

实施倾斜政策，为农村金融机构提供贷款优惠措施。农村金融市场作用的弱势由来已久，单靠市场因素调节难以扭转局面，必须实施必要的倾斜政策。为农村金融机构提供贷款优惠措施，促进其针对农民专业合作经济组织贷款的发放。同时进一步开放地方金融组织，规范管理，促进农村金融市场的良性发展，使地方金融组织发挥自身的资金优势，促进农民专业合作经济组织生产经营的发展。

（5）成立农村资金互助社。根据银监会制定的《农村资金互助社管理暂行规定》，农村资金互助社是指经银行业监督管理机构批准，由乡（镇）、行政村农民和农村小企业组成，为社员提供存款、贷款、贷款、结算等业务的社区互助性银行业金融机构。它实行社员民主管理，以服务社员为宗旨，谋求社员共同利益。目前在中国的农村金融市场，正规金融机构资金供给不能满足市场需求，而民间金融又不能适应农村经济发展的需要。成立农村资金互助社，可以与现有农村金融机构形成互补，满足农户多层次融资需求，弥补农村金融供给不足，从而为农民专业合作经济组织的发展提供资金支持。此外，农村资金互助社可以有效遏制民间非法金融的发展。由于正规金融机构借贷的门槛较高，尽管农民资金匮乏，借贷的需求却无法得到满足，这极易使民间非法金融蔓延。成立农村资金互助社，可以将民间融资纳入正规的金融渠道内，为民间资本进入银行业提供一个现实通道，同时也可以使高利率的农村民间借贷失去需求的空间。

（6）加强农民专业合作经济组织与农民用水者协会（WUA）的相互配合。对农民专业合作经济组织经营绩效的影响因素的实证分析结果之一显示，是否与WUA加强配合这一外部因素对农民专业合作经济组织的绩效产生显著的正向影响，表明加强农民专业合作经济组织与WUA的配合将有利于合作组织的发展。由于大多数农民专业合作经济组织都是以蔬菜、水果、花卉、药材等农作物为主导产品的经济实体，它们在生产过程中与水资源有着千丝万缕的联系，就必然跟农民用水者协会产生密切的联系。因此，加强二者之间的配合，不仅能节约农户生产过程中的时间成本，而且能有效节约水资源，使得组织之间的发展相辅相承。因此政府应积极引导农民专业合作经济组织与农民用水者协会相互配合发展。

（7）有关农民专业合作经济组织的机构建设方面，合作组织应当规范自身发展，提高自我积累能力，努力改善资信状况。

一方面，农民专业合作经济组织应加强组织建设，完善管理制度，提高盈利能力，注重自我资金的积累，合理计划收益的分配以及对内对外投资扩张，从而提高资金使用效率，巩固自身的资金实力。

另一方面，农民专业合作经济组织应积极扩大组织规模。在被调查对象中，大部分组织规模小，产品难以形成较强的规模优势；部分组织辐射效应小，成员局限于本村或本乡镇，一方面导致信息获取渠道相对较窄，另一方面难以大幅增加组织的自有资金，不利于组织的可持续发展。因此，各农民专业合作经济组织应当适时地根据自身发展需要，打破地域限制，扩大组织规模，壮大自身实力。

参 考 文 献

曹建良．永恒的产业——世纪中国农业的思考［M］．中国农业出版社，2000.

陈昌洪．我国农民专业合作组织发展的路径选择［J］．特区经济，2006（9）．

杜吟棠．合作社：农业中的现代企业制度［M］．江西人民出版社，2002.

范小健．关于我国农村合作经济发展有关问题的思考［J］．中国农村经济，1999（4）．

冯开文．微观经济组织的新思路—关于合作社与乡镇企业比较研究的思考［J］．农业经济问题，2000（8）．

樊纲．市场机制与经济效率［M］．上海三联书店，1993.

国鲁来．农民合作组织发展的促进政策分析［J］．中国农村经济，2006（6）．

黄祖辉．农民合作组织认识误区辩析［J］．经济学家，2002（3）．

黄祖辉．浙江农民专业合作组织发展现状，苏州农网．

林毅夫．制度、技术与中国农业发展［M］．上海人民出版社，1994.

林毅夫．再论制度、技术与中国农业发展［M］．北京大学出版社，2000.

慕永太．合作社理论与实践［M］．中国农业出版社，2001.

马华衍．论中国产业化与社会主义合作制［J］．中国供销合作经济，1998（6）．

马俊驹．农村社会进步与合作社立法［J］．改革，2001（3）．

缪建平．论培育新型农民专业合作组织［J］．中国农村观察，1997（1）．

潘劲．流通领域农民专业合作组织发展研究［J］．农业经济问题，2000（11）．

庞晓鹏．中国农村民间合作服务组织研究［M］．中国农业科技出版社，1999.

王海军．浙江省农民专业可作组织发展的回顾与思考［J］．资料通讯，2005（12）．

汪力斌，李鸥．对农民专业性合作组织发展的调查研究［J］，农村经济，2006（8）．

莫少颖．农民专业合作组织利益机制研究［J］．广东合作经济，2006（2）．

应瑞瑶．合作社的异化与异化的合作社［J］．江海学刊，2002（6）．

应瑞瑶．论农业合作社的演进趋势与现代合作社的制度内核［J］．南京社会科学，2004（1）．

于华江，魏玮，于志娜．试论农民专业合作组织资金短缺的解决途径［J］．中国农村经济，2006（6）．

苑鹏．农村合作组织的未来［J］．中国改革，2002.

苑鹏．台湾农业合作社的历史和现状［M］．江西人民出版社，2002.

张兵，应瑞瑶，贾红刚．关于发展中国农业微观经济组织的思考［J］．南京农业大学学报，1999（22）．

周其仁．产权与制度变迁——改革的经验研究［M］．社会科学文献出版社，2002.

张晓山．合作社的基本原则及有关的几个问题［J］．农村合作经济经营管理，1998（2）．

张晓山等．农村股份合作企业——探讨与实证分析［J］．改革，1997（6）．

赵鲲，门炜．关于合作社基本特征的分析和思考［J］．中国农村观察，2006（3）．

North，Douglass C. Structure and Change in Economic History. New York：Norton. 1981.

Williamson，0. E. The Economic Institution of Capitalism：Firms，Markets，Relational Contracting，New York：Free Press，1985.

David W. Cobia. Cooperative in Agriculture. Dept. of Agricultural Economics，North Dakota state Univ. 1987.

Exit Rights，Exit Costs，and Shirking in Agricultural Cooperatives：A Reply，Journal of Political Economy，vo189，（1990）．

Elizabeth J. Perry，Stdte and Society in Contemporary China，World Politics

No. 41（1989）.

Edwin. C. Rozwenc，Cooperatives come to America. Hawkeye～record Press，1945.

Huang Zuhui. Farms co～operatives in the EU countries. Working paper，Uppsala，Sweden，2000.

Robert A. Baron Jerald Greenberg. Behavior in Organizations：Understanding and Managing the Human Side of Work.

Lin，Justin Yifu. Rural Reforms and Agricultural Growth in China，Amer. Econom. Rev.，82，1：34～51，Mar. 1992.

附件 1 中华人民共和国农民专业合作社法

第一章 总 则

第一条 为了支持、引导农民专业合作社的发展，规范农民专业合作社的组织和行为，保护农民专业合作社及其成员的合法权益，促进农业和农村经济的发展，制定本法。

第二条 农民专业合作社是在农村家庭承包经营基础上，同类农产品的生产经营者或者同类农业生产经营服务的提供者、利用者，自愿联合、民主管理的互助性经济组织。

农民专业合作社以其成员为主要服务对象，提供农业生产资料的购买，农产品的销售、加工、运输、贮藏以及与农业生产经营有关的技术、信息等服务。

第三条 农民专业合作社应当遵循下列原则：

（一）成员以农民为主体；

（二）以服务成员为宗旨，谋求全体成员的共同利益；

（三）入社自愿、退社自由；

（四）成员地位平等，实行民主管理；

（五）盈余主要按照成员与农民专业合作社的交易量（额）比例返还。

第四条 农民专业合作社依照本法登记，取得法人资格。

农民专业合作社对由成员出资、公积金、国家财政直接补助、他人捐赠以及合法取得的其他资产所形成的财产，享有占有、使用和处分的权利，并以上述财产对债务承担责任。

第五条 农民专业合作社成员以其账户内记载的出资额和公

积金份额为限对农民专业合作社承担责任。

第六条 国家保护农民专业合作社及其成员的合法权益，任何单位和个人不得侵犯。

第七条 农民专业合作社从事生产经营活动，应当遵守法律、行政法规，遵守社会公德、商业道德，诚实守信。

第八条 国家通过财政支持、税收优惠和金融、科技、人才的扶持以及产业政策引导等措施，促进农民专业合作社的发展。

国家鼓励和支持社会各方面力量为农民专业合作社提供服务。

第九条 县级以上各级人民政府应当组织农业行政主管部门和其他有关部门及有关组织，依照本法规定，依据各自职责，对农民专业合作社的建设和发展给予指导、扶持和服务。

第二章 设立和登记

第十条 设立农民专业合作社，应当具备下列条件：

（一）有五名以上符合本法第十四条、第十五条规定的成员；

（二）有符合本法规定的章程；

（三）有符合本法规定的组织机构；

（四）有符合法律、行政法规规定的名称和章程确定的住所；

（五）有符合章程规定的成员出资。

第十一条 设立农民专业合作社应当召开由全体设立人参加的设立大会。设立时自愿成为该社成员的人为设立人。

设立大会行使下列职权：

（一）通过本社章程，章程应当由全体设立人一致通过；

（二）选举产生理事长、理事、执行监事或者监事会成员；

（三）审议其他重大事项。

第十二条 农民专业合作社章程应当载明下列事项：

（一）名称和住所；

（二）业务范围；

（三）成员资格及入社、退社和除名；

（四）成员的权利和义务；

（五）组织机构及其产生办法、职权、任期、议事规则；

（六）成员的出资方式、出资额；

（七）财务管理和盈余分配、亏损处理；

（八）章程修改程序；

（九）解散事由和清算办法；

（十）公告事项及发布方式；

（十一）需要规定的其他事项。

第十三条　设立农民专业合作社，应当向工商行政管理部门提交下列文件，申请设立登记：

（一）登记申请书；

（二）全体设立人签名、盖章的设立大会纪要；

（三）全体设立人签名、盖章的章程；

（四）法定代表人、理事的任职文件及身份证明；

（五）出资成员签名、盖章的出资清单；

（六）住所使用证明；

（七）法律、行政法规规定的其他文件。

登记机关应当自受理登记申请之日起二十日内办理完毕，向符合登记条件的申请者颁发营业执照。

农民专业合作社法定登记事项变更的，应当申请变更登记。

农民专业合作社登记办法由国务院规定。办理登记不得收取费用。

第三章　成　　员

第十四条　具有民事行为能力的公民，以及从事与农民专业合作社业务直接有关的生产经营活动的企业、事业单位或者社会团体，能够利用农民专业合作社提供的服务，承认并遵守农民专业合作社章程，履行章程规定的入社手续的，可以成为农民专业合作社的成员。但是，具有管理公共事务职能的单位不得加入农民专业合作社。

农民专业合作社应当置备成员名册，并报登记机关。

第十五条 农民专业合作社的成员中，农民至少应当占成员总数的百分之八十。

成员总数二十人以下的，可以有一个企业、事业单位或者社会团体成员；成员总数超过二十人的，企业、事业单位和社会团体成员不得超过成员总数的百分之五。

第十六条 农民专业合作社成员享有下列权利：

（一）参加成员大会，并享有表决权、选举权和被选举权，按照章程规定对本社实行民主管理；

（二）利用本社提供的服务和生产经营设施；

（三）按照章程规定或者成员大会决议分享盈余；

（四）查阅本社的章程、成员名册、成员大会或者成员代表大会记录、理事会会议决议、监事会会议决议、财务会计报告和会计账簿；

（五）章程规定的其他权利。

第十七条 农民专业合作社成员大会选举和表决，实行一人一票制，成员各享有一票的基本表决权。

出资额或者与本社交易量（额）较大的成员按照章程规定，可以享有附加表决权。本社的附加表决权总票数，不得超过本社成员基本表决权总票数的百分之二十。享有附加表决权的成员及其享有的附加表决权数，应当在每次成员大会召开时告知出席会议的成员。

章程可以限制附加表决权行使的范围。

第十八条 农民专业合作社成员承担下列义务：

（一）执行成员大会、成员代表大会和理事会的决议；

（二）按照章程规定向本社出资；

（三）按照章程规定与本社进行交易；

（四）按照章程规定承担亏损；

（五）章程规定的其他义务。

第十九条 农民专业合作社成员要求退社的，应当在财务年度终了的三个月前向理事长或者理事会提出；其中，企业、事业单位或者社会团体成员退社，应当在财务年度终了的六个月前提出；章程另有规定的，从其规定。退社成员的成员资格自财务年度终了时终止。

第二十条 成员在其资格终止前与农民专业合作社已订立的合同，应当继续履行；章程另有规定或者与本社另有约定的除外。

第二十一条 成员资格终止的，农民专业合作社应当按照章程规定的方式和期限，退还记载在该成员账户内的出资额和公积金份额；对成员资格终止前的可分配盈余，依照本法第三十七条第二款的规定向其返还。

资格终止的成员应当按照章程规定分摊资格终止前本社的亏损及债务。

第四章 组织机构

第二十二条 农民专业合作社成员大会由全体成员组成，是本社的权力机构，行使下列职权：

（一）修改章程；

（二）选举和罢免理事长、理事、执行监事或者监事会成员；

（三）决定重大财产处置、对外投资、对外担保和生产经营活动中的其他重大事项；

（四）批准年度业务报告、盈余分配方案、亏损处理方案；

（五）对合并、分立、解散、清算作出决议；

（六）决定聘用经营管理人员和专业技术人员的数量、资格和任期；

（七）听取理事长或者理事会关于成员变动情况的报告；

（八）章程规定的其他职权。

第二十三条 农民专业合作社召开成员大会，出席人数应当达到成员总数三分之二以上。

成员大会选举或者作出决议，应当由本社成员表决权总数过半数通过；作出修改章程或者合并、分立、解散的决议应当由本社成员表决权总数的三分之二以上通过。章程对表决权数有较高规定的，从其规定。

第二十四条 农民专业合作社成员大会每年至少召开一次，会议的召集由章程规定。有下列情形之一的，应当在二十日内召开临时成员大会：

（一）百分之三十以上的成员提议；

（二）执行监事或者监事会提议；

（三）章程规定的其他情形。

第二十五条 农民专业合作社成员超过一百五十人的，可以按照章程规定设立成员代表大会。成员代表大会按照章程规定可以行使成员大会的部分或者全部职权。

第二十六条 农民专业合作社设理事长一名，可以设理事会。理事长为本社的法定代表人。

农民专业合作社可以设执行监事或者监事会。理事长、理事、经理和财务会计人员不得兼任监事。

理事长、理事、执行监事或者监事会成员，由成员大会从本社成员中选举产生，依照本法和章程的规定行使职权，对成员大会负责。

理事会会议、监事会会议的表决，实行一人一票。

第二十七条 农民专业合作社的成员大会、理事会、监事会，应当将所议事项的决定作成会议记录，出席会议的成员、理事、监事应当在会议记录上签名。

第二十八条 农民专业合作社的理事长或者理事会可以按照成员大会的决定聘任经理和财务会计人员，理事长或者理事可以兼任经理。经理按照章程规定或者理事会的决定，可以聘任其他人员。

经理按照章程规定和理事长或者理事会授权，负责具体生产经营活动。

第二十九条　农民专业合作社的理事长、理事和管理人员不得有下列行为：

（一）侵占、挪用或者私分本社资产；

（二）违反章程规定或者未经成员大会同意，将本社资金借贷给他人或者以本社资产为他人提供担保；

（三）接受他人与本社交易的佣金归为己有；

（四）从事损害本社经济利益的其他活动。

理事长、理事和管理人员违反前款规定所得的收入，应当归本社所有；给本社造成损失的，应当承担赔偿责任。

第三十条　农民专业合作社的理事长、理事、经理不得兼任业务性质相同的其他农民专业合作社的理事长、理事、监事、经理。

第三十一条　执行与农民专业合作社业务有关公务的人员，不得担任农民专业合作社的理事长、理事、监事、经理或者财务会计人员。

第五章　财务管理

第三十二条　国务院财政部门依照国家有关法律、行政法规，制定农民专业合作社财务会计制度。农民专业合作社应当按照国务院财政部门制定的财务会计制度进行会计核算。

第三十三条　农民专业合作社的理事长或者理事会应当按照章程规定，组织编制年度业务报告、盈余分配方案、亏损处理方案以及财务会计报告，于成员大会召开的十五日前，置备于办公地点，供成员查阅。

第三十四条　农民专业合作社与其成员的交易、与利用其提供的服务的非成员的交易，应当分别核算。

第三十五条 农民专业合作社可以按照章程规定或者成员大会决议从当年盈余中提取公积金。公积金用于弥补亏损、扩大生产经营或者转为成员出资。

每年提取的公积金按照章程规定量化为每个成员的份额。

第三十六条 农民专业合作社应当为每个成员设立成员账户，主要记载下列内容：

（一）该成员的出资额；

（二）量化为该成员的公积金份额；

（三）该成员与本社的交易量（额）。

第三十七条 在弥补亏损、提取公积金后的当年盈余，为农民专业合作社的可分配盈余。

可分配盈余按照下列规定返还或者分配给成员，具体分配办法按照章程规定或者经成员大会决议确定：

（一）按成员与本社的交易量（额）比例返还，返还总额不得低于可分配盈余的百分之六十；

（二）按前项规定返还后的剩余部分，以成员账户中记载的出资额和公积金份额，以及本社接受国家财政直接补助和他人捐赠形成的财产平均量化到成员的份额，按比例分配给本社成员。

第三十八条 设立执行监事或者监事会的农民专业合作社，由执行监事或者监事会负责对本社的财务进行内部审计，审计结果应当向成员大会报告。

成员大会也可以委托审计机构对本社的财务进行审计。

第六章　合并、分立、解散和清算

第三十九条 农民专业合作社合并，应当自合并决议作出之日起十日内通知债权人。合并各方的债权、债务应当由合并后存续或者新设的组织承继。

第四十条 农民专业合作社分立，其财产作相应的分割，并应当自分立决议作出之日起十日内通知债权人。分立前的债务由分立后的组织承担连带责任。但是，在分立前与债权人就债务清偿达成的书面协议另有约定的除外。

第四十一条 农民专业合作社因下列原因解散：

（一）章程规定的解散事由出现；

（二）成员大会决议解散；

（三）因合并或者分立需要解散；

（四）依法被吊销营业执照或者被撤销。

因前款第一项、第二项、第四项原因解散的，应当在解散事由出现之日起十五日内由成员大会推举成员组成清算组，开始解散清算。逾期不能组成清算组的，成员、债权人可以向人民法院申请指定成员组成清算组进行清算，人民法院应当受理该申请，并及时指定成员组成清算组进行清算。

第四十二条 清算组自成立之日起接管农民专业合作社，负责处理与清算有关未了结业务，清理财产和债权、债务，分配清偿债务后的剩余财产，代表农民专业合作社参与诉讼、仲裁或者其他法律程序，并在清算结束时办理注销登记。

第四十三条 清算组应当自成立之日起十日内通知农民专业合作社成员和债权人，并于六十日内在报纸上公告。债权人应当自接到通知之日起三十日内，未接到通知的自公告之日起四十五日内，向清算组申报债权。如果在规定期间内全部成员、债权人均已收到通知，免除清算组的公告义务。

债权人申报债权，应当说明债权的有关事项，并提供证明材料。清算组应当对债权进行登记。

在申报债权期间，清算组不得对债权人进行清偿。

第四十四条 农民专业合作社因本法第四十一条第一款的原因解散，或者人民法院受理破产申请时，不能办理成员退社手续。

第四十五条 清算组负责制定包括清偿农民专业合作社员工

的工资及社会保险费用，清偿所欠税款和其他各项债务，以及分配剩余财产在内的清算方案，经成员大会通过或者申请人民法院确认后实施。

清算组发现农民专业合作社的财产不足以清偿债务的，应当依法向人民法院申请破产。

第四十六条 农民专业合作社接受国家财政直接补助形成的财产，在解散、破产清算时，不得作为可分配剩余资产分配给成员，处置办法由国务院规定。

第四十七条 清算组成员应当忠于职守，依法履行清算义务，因故意或者重大过失给农民专业合作社成员及债权人造成损失的，应当承担赔偿责任。

第四十八条 农民专业合作社破产适用企业破产法的有关规定。但是，破产财产在清偿破产费用和共益债务后，应当优先清偿破产前与农民成员已发生交易但尚未结清的款项。

第七章 扶持政策

第四十九条 国家支持发展农业和农村经济的建设项目，可以委托和安排有条件的有关农民专业合作社实施。

第五十条 中央和地方财政应当分别安排资金，支持农民专业合作社开展信息、培训、农产品质量标准与认证、农业生产基础设施建设、市场营销和技术推广等服务。对民族地区、边远地区和贫困地区的农民专业合作社和生产国家与社会急需的重要农产品的农民专业合作社给予优先扶持。

第五十一条 国家政策性金融机构应当采取多种形式，为农民专业合作社提供多渠道的资金支持。具体支持政策由国务院规定。

国家鼓励商业性金融机构采取多种形式，为农民专业合作社提供金融服务。

第五十二条 农民专业合作社享受国家规定的对农业生产、

加工、流通、服务和其他涉农经济活动相应的税收优惠。

支持农民专业合作社发展的其他税收优惠政策，由国务院规定。

第八章　法律责任

第五十三条　侵占、挪用、截留、私分或者以其他方式侵犯农民专业合作社及其成员的合法财产，非法干预农民专业合作社及其成员的生产经营活动，向农民专业合作社及其成员摊派，强迫农民专业合作社及其成员接受有偿服务，造成农民专业合作社经济损失的，依法追究法律责任。

第五十四条　农民专业合作社向登记机关提供虚假登记材料或者采取其他欺诈手段取得登记的，由登记机关责令改正；情节严重的，撤销登记。

第五十五条　农民专业合作社在依法向有关主管部门提供的财务报告等材料中，作虚假记载或者隐瞒重要事实的，依法追究法律责任。

第九章　附　　则

第五十六条　本法自 2007 年 7 月 1 日起施行。

附件2 农民专业合作社示范章程

第一章 总 则

第一条 为规范本合作社活动行为，保护成员的合法权益，增加成员收入，促进本合作社发展，依照《中华人民共和国农民专业合作社法》有关法律、法规和政策，制定本章程。

第二条 本合作社由__________等人发起，于__________年__________月__________日召开设立大会成立。

本合作社定名为__________，注册资金__________元。

本合作社法定代表人：__________。

本合作社地址：__________，邮政编码：__________。

第三条 本合作社按照“民办、民管、民受益”的原则，以服务成员、谋求全体成员的共同利益为宗旨，实行自主经营，民主管理，盈余返还。成员地位平等，加入自愿，退出自由，利益共享，风险共担。

第四条 本合作社主要业务活动内容如下：__________。

第五条 本合作社由成员共同出资。具体出资方式为：_____。

本合作社存续期间由公共积累形成的财产，由国家财政直接补助、他人捐赠所形成的财产，平均量化为每个成员所有的份额。

本合作社成员以其账户内记载的出资额和公积金份额为限对合作社承担责任。

第六条 本合作社以自身全部资产对债务承担责任。

第七条 经成员（代表）大会讨论通过，本合作社可以独资兴办或者与其他企业合资兴办与本合作社业务内容相关的加工、流通等经济实体；可以接受与本合作社业务有关的单位委托，办理代购代销等中介服务；可以向政府有关部门申请或接受政府有关部门委托，组织实施有关农业项目建设；可以按决定的数额和方式参加社会公益捐赠，办理成员的文化、福利等事业。

第八条　本合作社在__________农业行政主管部门的指导、协调和监督下，开展生产经营活动。

第二章　成　　员

第九条　具有民事行为能力，承认并遵守本章程，履行本章程规定的加入手续，从事生产经营，能够利用并接受本合作社提供服务的农民和相关业务人员，可申请成为本合作社成员。本合作社可以吸收从事与本合作社业务直接有关的生产经营活动的企业、事业单位或社会团体为团体成员。本合作社成员以农民为主（农户占社员总数的80％以上）。

第十条　欲加入本合作社者，须履行以下程序：

（一）提交书面申请，承诺按章程规定出资；承诺遵守章程规定、维护合作社利益；履行章程规定的各项义务，依照章程规定享有权利。

（二）经本合作社成员大会（或理事会）审核并讨论通过。

第十一条　本合作社成员享有下列权利：

（一）参加成员（代表）大会，并享有表决权、选举权和被选举权；按照章程规定对本社实行民主管理。

（二）利用本合作社提供的各项服务和各种生产经营设施；

（三）按照章程规定或者成员大会决议分享盈余；

（四）查阅本社的章程、成员名册、成员大会或者成员代表大会记录、理事会会议决议、监事会会议决议、财务会计报告和会计账簿；

（五）对本合作社的工作提出质询、批评和建议；

（六）自由提出退出申请，依照本章程规定退出本合作社。

第十二条 本合作社实行一人（户）一票制，成员对本合作社享有均等的表决权。出资额较多或者与本合作社业务交易量（额）较大的成员，在本合作社重大财产处置、投资兴办经济实体、对外担保等生产经营活动中的重大事项决策方面，最多可以享有________（不超过20%）票的附加表决权。享有附加表决权的成员及其享有的附加表决权数，应当在每次成员大会召开时告知出席会议的成员。

第十三条 本合作社成员须履行下列义务：

（一）遵守本合作社章程和各项规章制度，执行成员（代表）大会和理事会的决议；

（二）按照约定向本社出资；

（三）确保产品与本社进行交易，交易量不低于________%；

（四）积极参加本合作社各项业务活动，接受本合作社提供的技术指导，按照本合作社规定的质量标准和生产技术规程从事产品生产，履行与本合作社签订的业务合同，发扬互助协作精神，谋求共同发展；

（五）维护本合作社利益，爱护各种生产经营设施，保护本合作社成员共有财产；

（六）不从事损害本合作社成员共同利益的活动；

（七）不得以其对本合作社或者本合作社其他成员所拥有的债权抵消入社出资；不得以已缴纳的入社资金抵消其对本合作社或者本合作社其他成员的债务；

（八）按照《农民专业合作社法》规定，承担个人相应的经济责任。

第十四条 成员有下列情形之一的，终止其成员资格：

（一）主动声明退出的；

（二）丧失民事行为能力的；

（三）死亡的；

（四）团体成员所属企业或组织破产、解散的；

（五）被本合作社除名的。

第十五条　成员主动声明退出的，须在财务年度终了的三个月前向理事长或理事会提出书面申请，其中，企业、事业单位或者社会团体成员退社，应当在财务年度终了的六个月前提出。成员资格自财务年度结束时终止。

成员退出后，其出资额和量化为该成员所有的公积金形成的财产份额于该财务年度决算后二个月内退还。如本合作社经营亏损，扣除其应分担的亏损金额；如经营盈余，则按照本章程规定返还其相应的盈余所得。退出成员须承担其资格终止前应按出资比例承担的本合作社亏损及债务。

成员退出并终止成员资格时，与本合作社已订立的业务合同是否继续履行依照退出时与本合作社的约定确定。

第十六条　成员死亡的，其法定继承人可以在__________个月内提出继承申请，经理事会讨论通过后办理加入手续，继承成员资格。否则，按照第十五条的规定办理退出手续。

第十七条　成员有下列情形之一的，经理事会讨论通过予以除名：

（一）不遵守本合作社章程、内部管理制度，不执行成员（代表）大会、理事会决议，不履行成员义务，经教育无效的；

（二）给本合作社名誉或者利益带来严重损害的；

（三）其他情形。

本合作社对被除名成员，退还其出资及公积金，结清其应承担的债务，返还其相应的盈余所得。

第三章　组织机构

第十八条　本合作社的机构由成员大会、理事会、监事会构成。

第十九条 成员大会是本合作社的最高权力机构，由全体成员组成。本合作社成员达到___150___人以上，每___5___名成员选举产生一名成员代表。成员代表大会可以履行成员大会职权。成员代表任期______年，可以连选连任。

第二十条 成员（代表）大会行使下列职权：

（一）修改章程；

（二）选举和罢免理事长、理事、执行监事或者监事会成员；

（三）决定成员增加或者减少出资及标准；

（四）审议本合作社的发展规划和年度业务经营计划；

（五）审议批准本合作社年度财务预算和决算方案；

（六）审议批准年度盈余分配方案和亏损弥补方案；

（七）审议批准本合作社理事会、监事会的年度业务报告；

（八）决定本合作社重大财产处置、对外投资、对外担保和其他生产经营活动中的重大事项；

（九）对本合作社的合并、分立、解散、清算和对外联合作出决议；

（十）决定聘任本合作社主要经营管理人员和专业技术人员的人数、资格、任期；

（十一）决定本合作社其他重大事项。

第二十一条 本合作社每年召开______次成员（代表）大会。成员（代表）大会由理事会负责召集。召开成员（代表）大会，理事长（会）须提前十五日向成员（代表）通报会议内容。

第二十二条 有下列情形之一的，可以在______日内召开临时成员（代表）大会：

（一）百分之三十以上成员（代表）提出；

（二）执行监事或者监事会提议；

（三）理事会认为必要的。

理事会不能履行或者在规定期限内没有正当理由不履行前款规定职责的，监事会可以在__________日内召集并主持临时成员（代表）大会。

第二十三条 成员（代表）大会须有本合作社成员（代表）总数的三分之二以上出席方可召开。成员因故不能参加成员大会，可以书面委托其他成员代理。一名成员最多只能代理二名成员表决。

成员（代表）大会做出决议，须经本合作社成员表决权总数过半数通过；对修改本合作社章程，增加或者减少成员出资标准，合并、分立、解散、清算和对外联合等重大事项做出决议的，须经成员表决权总数三分之二以上的票数通过。成员代表大会的代表以其受成员书面委托的表决权数，在代表大会上行使表决权。

第二十四条 理事会是本合作社的执行机构，对成员（代表）大会负责。理事会由______名成员组成，设理事长一人，副理事长______人。理事长和理事会成员任期______年，可连选连任。

第二十五条 理事会行使下列职权：

（一）组织召开成员（代表）大会并报告工作，执行成员（代表）大会决议；

（二）制订本合作社发展规划、年度业务经营计划、内部管理规章制度等，提交成员（代表）大会审议；

（三）制定本合作社年度财务预决算、盈余分配和亏损弥补等方案，提交成员（代表）大会审议；

（四）决定成员加入、退出、继承、除名、奖励、处分等事项；

（五）组织培训和各种协作活动；

（六）决定聘任或者解聘本合作社经营管理负责人和财务会计负责人；

（七）管理本合作社的资产和财务，保障本合作社的财产安全；

（八）接受、答复、处理监事会提出的有关质询和建议；

（九）履行成员（代表）大会授予的其他职责。

第二十六条 理事会实行充分协商一致原则，理事会成员各享有一票表决权，重大事项集体讨论，并经三分之二以上理事同意方可形成决定。理事个人对某项决议有不同意见时，其意见记入会议记录。理事会会议邀请监事长、经营管理负责人和________名成员代表列席，列席者无表决权。

第二十七条 理事长为本合作社的法定代表人，行使下列职权：

（一）主持成员（代表）大会，召集并主持理事会会议；

（二）签署本合作社成员出资证明；

（三）签署聘任或者解聘本合作社经营管理负责人和财务会计负责人聘书；

（四）组织实施成员（代表）大会和理事会决议，检查决议实施情况；

（五）代表本合作社签订协议、合同和契约等。

第二十八条 监事会是本合作社的监察机构，代表全体成员监督检查理事会和工作人员的工作。监事会由________名监事组成，任期________年，可连选连任。监事会设监事长一人，由全体监事半数以上同意选举产生，任期________年，可连选连任。

卸任理事须待下一任期结束后方能当选监事。

监事长列席理事会会议。

第二十九条 监事会行使下列职权：

（一）监督理事会对成员（代表）大会决议和本合作社章程的执行情况；

（二）监督检查本合作社的生产经营业务情况，负责本合作社财务稽核工作；

（三）监督理事和经营管理负责人履行职责情况，发现侵害本合作社利益行为时，有权要求理事会予以纠正，对造成本合作社重大经济损失的，提请理事会或者成员（代表）大会按照本章程的规定，追究当事人的经济赔偿责任；

（四）向成员（代表）大会做年度监察报告；

（五）向理事会提出工作质询和改进工作的建议；

（六）提议召开临时成员（代表）大会；

（七）代表本合作社负责记录理事与本合作社发生业务交易时的业务交易量（额）情况；

（八）履行成员（代表）大会授予的其他职责。

第三十条　监事会会议由监事长召集，会议决议以书面形式通知理事会。理事会须在接到通知后__________日内作出答复。

第三十一条　本合作社监事会成员各享有一票表决权。监事会会议须有三分之二以上的监事出席方能召开。重大事项的决议须经三分之二以上监事同意方能生效。监事个人对某项决议有不同意见时，其意见记入会议记录。

第三十二条　本合作社经营管理负责人由理事会聘任或者解聘，对理事会负责，行使下列职权：

（一）主持本合作社的经营工作，组织实施理事会决议；

（二）组织实施本合作社年度经营计划和投资方案；

（三）拟订本合作社的经营管理制度；

（四）提请聘任或者解聘其他经营管理人员和财务负责人；

（五）聘任或者解聘除应由理事会聘任或者解聘之外的经营管理人员和其他工作人员；

（六）理事会授予的其他职权。

本合作社理事可以兼任经营管理负责人。

第三十三条　本合作社现任理事长、理事以及理事长和理事的直系亲属、经营管理负责人和财务会计人员不得兼任监事。

第三十四条　本合作社理事、监事和经营管理负责人，须遵循以下准则：

（一）遵守本合作社章程，办事公道正派，忠实履行职责，维护本合作社及成员利益；

（二）不从事与本合作社业务相竞争的活动；

（三）不得侵占本合作社及成员的利益，不得挪用本合作社资金或者擅自将本合作社资金借贷给他人；

（四）不得以个人名义将本合作社资产为成员或者其他个人债务提供担保；

（五）不得将本合作社资金以其个人名义或者以其他个人名义开立账户存储。

第三十五条 成员（代表）大会和理事会的决议如有违反法律、行政法规，侵害成员合法权益的，本合作社成员有权向区农业行政主管部门举报。

第四章 财务和盈余返还

第三十六条 本合作社是经济核算主体，实行独立的财务管理和会计核算。经营自主，盈亏自负，有权拒绝任何单位与个人平调、挪用本合作社资产的要求。

第三十七条 本合作社财务年度为__________月__________日至__________月__________日。

本合作社依照有关法律、行政法规和政府有关主管部门的规定，建立健全财务和会计制度，实行每月__________日（或每季度第__________月__________日）财务定期公开制度。

本合作社财会人员实行持证上岗，会计和出纳互不兼任。理事会、监事会成员及其直系亲属不得担任本合作社的财会人员。

第三十八条 本合作社依据成员名册，为每个成员设立个人财产账户，用于分类记载本章程第五条第一款规定的成员出资和应当量化为成员名下的个人财产份额。

成员与本合作社的所有业务交易，实行实名专户记账，作为按交易量（额）进行盈余二次返还分配的依据。

第三十九条　财务年度终了时，由理事会按照本章程规定，组织编制本合作社财务年度盈余分配方案以及资产负债表、损益表、财务状况变动表等其他财务会计报告，经监事会审核同意后，于成员（代表）大会召开十五日前，置备于办公地点，供成员查阅并接受成员的质询。

第四十条　本合作社资金来源包括以下几项：

（一）成员出资，__________元；

（二）本合作社每个财务年度从盈余中提取的公积金、公益金、风险金；

（三）未分配收益；

（四）金融机构贷款；

（五）国家扶持补助资金；

（六）社会捐赠款；

（七）其他资金。

第四十一条　本合作社成员入社可以用货币出资，也可以用实物、技术等，经具有评估资格的资产评估机构评估作价后出资。作价出资与货币出资份额同等享受权利和承担义务。

经理事会审核，成员（代表）大会讨论通过，成员出资可以转让给本合作社其他成员，但不得转让给非本合作社人员。

第四十二条　为实现本合作社及全体成员的发展目标需要增加出资时，经成员（代表）大会讨论通过，每个成员须按照成员（代表）大会决议的方式和金额补充资金。

第四十三条　根据成员（代表）大会决议，本合作社从当年盈余中提取百分之__________的公积金，用于扩大再生产、弥补亏损或者转为成员出资。每年提取的公积金按照成员出资的份额或者成员与本合作社业务交易量（额）的份额，依比例折股量化为每个成员所有的份额，记入成员个人账户。

第四十四条　根据成员（代表）大会决议，本合作社从当年盈余中提取百分之＿＿＿＿＿的公益金，用于成员的技术培训、合作知识教育以及文化、福利事业和生活上的互助互济。其中，用于成员技术培训与合作知识教育的比例不少于百分之＿＿＿＿＿。

第四十五条 根据成员（代表）大会决议，本合作社从当年盈余中提取百分之＿＿＿＿＿的风险金，用于弥补成员生产经营中遭遇的自然风险和市场风险。

第四十六条 本合作社对国家财政直接扶持补助资金和其他社会捐赠，均按接受时的现值记入会计科目，作为本合作社的共有资金（产），按照规定用途用于本合作社的发展。解散、破产清算时，由国家财政直接扶持补助形成的财产，不得作为可分配剩余资产分配给成员，处置办法按照国家有关规定进行；接受的社会捐赠，捐赠者另有约定的，按约定办法处置。

第四十七条 本合作社独资或者与外单位联合兴办的经济实体，实行独立核算。本合作社作为产权单位行使监督权，享有收益权和承担责任。所获收益按照本合作社分配办法进行分配。

第四十八条 本合作社严格按照有关财务会计制度核定生产经营和管理服务过程中的成本费用。费用开支范围主要包括：

（一）日常办公费用；

（二）生产经营事业所发生的经营性支出；

（三）科研、咨询、培训、技术推广和服务以及质量认证、产地认证、商标注册和宣传教育等支出；

（四）理事、监事的误工补助以及经营管理负责人、财务会计人员和其他工作人员的工资报酬和社会保险费用；

（五）成员的文化、福利事业支出和特别困难成员的补助；

（六）成员和职工的物质奖励；

（七）其他符合财务制度规定的支出。

第四十九条 扣除当年生产经营和管理服务成本，提取公积金、公益金和风险金后的可分配盈余，经成员（代表）大会决议，按成员与本合作社业务交易量（额）的比例分配。

第五十条 本合作社如有亏损，经成员（代表）大会讨论通过，可用公积金、风险金弥补，不足部分也可以用以后年度盈余弥补或者采取减少资本金总额的办法弥补。

本合作社的债务依照成员出资按比例分担。

第五十一条 监事会负责本合作社的日常财务审计监督。根据成员（代表）大会或理事会的决定、监事会的要求，本合作社委托__________农业行政主管部门或者其他审计机构对本合作社财务进行年度审计和专项、换届审计。

第五十二条 本合作社根据__________农业行政主管部门的要求，定期向其上报有关财务、会计和统计报表。

第五章 变更 解散 清算 终止

第五十三条 本合作社登记事项发生变更，即向__________区农业行政主管部门报告，并在原登记机关办理变更登记手续，依法需要办理税务登记变更手续的，同时办理税务登记变更手续。

第五十四条 本合作社有下列情形之一，经成员（代表）大会决定，报登记机关核准后予以解散：

（一）因成员退出，本合作社成员人数少于五人；

（二）本合作社规定的营业期限届满后不再继续生产经营；

（三）本合作社分立或者与其他同类农民专业合作社合并后需要解散；

（四）因不可抗力因素致使本合作社无法继续经营；

（五）本合作社宣告破产；

（六）成员大会决议解散；

（七）依法被吊销营业执照或被撤销。

第五十五条 本合作社决定解散时，由成员（代表）大会选出__________人组成清算小组，对本合作社的资产和债权、债务进行清理，并制定清偿方案报成员（代表）大会审议通过。本合作社共有资产优先支付清算费用后，按下列顺序清偿：

（一）所欠职员工资报酬及社会保险费用；

（二）所欠税款；

（三）所欠债务；

（四）归还成员入资；

（五）按成员（代表）大会决议分配剩余财产。

本合作社接受国家财政直接补助形成的财产，在解散、破产清算时，不作为可分配剩余资产分配给成员，处置办法按法律规定执行。

第五十六条 本合作社清算完毕后，于__________日内向成员公布清算情况、办理相关手续。并向原登记机关申请注销，并报农业主管部门备案。

第六章　附　　则

第五十七条 本章程由成员（代表）大会表决通过，成员（代表）或理事会理事在章程上签字后生效，并报__________区经管站备案。

第五十八条 修改本章程，须经理事会或者半数以上成员（代表）提出，理事会负责修订，成员（代表）大会讨论通过后实施。

第五十九条 本章程内容与法律法规不一致的，依照有关法律法规修改。

第六十条 本章程由本合作社理事会负责解释。

附件3　农民专业合作社登记管理条例

第一章　总　　则

第一条　为了确认农民专业合作社的法人资格，规范农民专业合作社登记行为，依据《中华人民共和国农民专业合作社法》，制定本条例。

第二条　农民专业合作社的设立、变更和注销，应当依照《中华人民共和国农民专业合作社法》和本条例的规定办理登记。

申请办理农民专业合作社登记，申请人应当对申请材料的真实性负责。

第三条　农民专业合作社经登记机关依法登记，领取农民专业合作社法人营业执照（以下简称营业执照），取得法人资格。未经依法登记，不得以农民专业合作社名义从事经营活动。

第四条　工商行政管理部门是农民专业合作社登记机关。国务院工商行政管理部门负责全国的农民专业合作社登记管理工作。

农民专业合作社由所在地的县（市）、区工商行政管理部门登记。

国务院工商行政管理部门可以对规模较大或者跨地区的农民专业合作社的登记管辖做出特别规定。

第二章　登记事项

第五条　农民专业合作社的登记事项包括：

（一）名称；

（二）住所；

（三）成员出资总额；

（四）业务范围；

（五）法定代表人姓名。

第六条 农民专业合作社的名称应当含有“专业合作社”字样，并符合国家有关企业名称登记管理的规定。

第七条 农民专业合作社的住所是其主要办事机构所在地。

第八条 农民专业合作社成员可以用货币出资，也可以用实物、知识产权等能够用货币估价并可以依法转让的非货币财产作价出资。成员以非货币财产出资的，由全体成员评估作价。成员不得以劳务、信用、自然人姓名、商誉、特许经营权或者设定担保的财产等作价出资。

成员的出资额以及出资总额应当以人民币表示。成员出资额之和为成员出资总额。

第九条 农民专业合作社以其成员为主要服务对象，业务范围可以有农业生产资料购买，农产品销售、加工、运输、贮藏以及与农业生产经营有关的技术、信息等服务。

农民专业合作社的业务范围由其章程规定。

第十条 农民专业合作社理事长为农民专业合作社的法定代表人。

第三章 设立登记

第十一条 申请设立农民专业合作社，应当由全体设立人指定的代表或者委托的代理人向登记机关提交下列文件：

（一）设立登记申请书；

（二）全体设立人签名、盖章的设立大会纪要；

（三）全体设立人签名、盖章的章程；

（四）法定代表人、理事的任职文件和身份证明；

（五）载明成员的姓名或者名称、出资方式、出资额以及成员出资总额，并经全体出资成员签名、盖章予以确认的出资清单；

（六）载明成员的姓名或者名称、公民身份号码或者登记证书号码和住所的成员名册，以及成员身份证明；

（七）能够证明农民专业合作社对其住所享有使用权的住所使用证明；

（八）全体设立人指定代表或者委托代理人的证明。

农民专业合作社的业务范围有属于法律、行政法规或者国务院规定在登记前须经批准的项目的，应当提交有关批准文件。

第十二条　农民专业合作社章程含有违反《中华人民共和国农民专业合作社法》以及有关法律、行政法规规定的内容的，登记机关应当要求农民专业合作社做相应修改。

第十三条　具有民事行为能力的公民，以及从事与农民专业合作社业务直接有关的生产经营活动的企业、事业单位或者社会团体，能够利用农民专业合作社提供的服务，承认并遵守农民专业合作社章程，履行章程规定的入社手续的，可以成为农民专业合作社的成员。但是，具有管理公共事务职能的单位不得加入农民专业合作社。

第十四条　农民专业合作社应当有5名以上的成员，其中农民至少应当占成员总数的80%。

成员总数20人以下的，可以有1个企业、事业单位或者社会团体成员；成员总数超过20人的，企业、事业单位和社会团体成员不得超过成员总数的5%。

第十五条　农民专业合作社的成员为农民的，成员身份证明为农业人口户口簿；无农业人口户口簿的，成员身份证明为居民身份证和土地承包经营权证或者村民委员会（居民委员会）出具的身份证明。

农民专业合作社的成员不属于农民的，成员身份证明为居民身份证。

农民专业合作社的成员为企业、事业单位或者社会团体的，成员身份证明为企业法人营业执照或者其他登记证书。

第十六条 申请人提交的登记申请材料齐全、符合法定形式，登记机关能够当场登记的，应予当场登记，发给营业执照。

除前款规定情形外，登记机关应当自受理申请之日起 20 日内，做出是否登记的决定。予以登记的，发给营业执照；不予登记的，应当给予书面答复，并说明理由。

营业执照签发日期为农民专业合作社成立日期。

第十七条 营业执照分为正本和副本，正本和副本具有同等法律效力。

营业执照正本应当置于农民专业合作社住所的醒目位置。

第十八条 营业执照遗失或者毁坏的，农民专业合作社应当申请补领。

任何单位和个人不得伪造、变造、出租、出借、转让营业执照。

第十九条 农民专业合作社的登记文书格式以及营业执照的正本、副本样式，由国务院工商行政管理部门制订。

第四章 变更登记和注销登记

第二十条 农民专业合作社的名称、住所、成员出资总额、业务范围、法定代表人姓名发生变更的，应当自做出变更决定之日起 30 日内向原登记机关申请变更登记，并提交下列文件：

（一）法定代表人签署的变更登记申请书；

（二）成员大会或者成员代表大会做出的变更决议；

（三）法定代表人签署的修改后的章程或者章程修正案；

（四）法定代表人指定代表或者委托代理人的证明。

第二十一条 农民专业合作社变更业务范围涉及法律、行政法规或者国务院规定须经批准的项目的，应当自批准之日起 30 日内申请变更登记，并提交有关批准文件。

农民专业合作社的业务范围属于法律、行政法规或者国务院规定在登记前须经批准的项目有下列情形之一的，应当自事由发生之日起30日内申请变更登记或者依照本条例的规定办理注销登记：

（一）许可证或者其他批准文件被吊销、撤销的；

（二）许可证或者其他批准文件有效期届满的。

第二十二条　农民专业合作社成员发生变更的，应当自本财务年度终了之日起30日内，将法定代表人签署的修改后的成员名册报送登记机关备案。其中，新成员入社的还应当提交新成员的身份证明。

农民专业合作社因成员发生变更，使农民成员低于法定比例的，应当自事由发生之日起6个月内采取吸收新的农民成员入社等方式使农民成员达到法定比例。

第二十三条　农民专业合作社修改章程未涉及登记事项的，应当自做出修改决定之日起30日内，将法定代表人签署的修改后的章程或者章程修正案报送登记机关备案。

第二十四条　变更登记事项涉及营业执照变更的，登记机关应当换发营业执照。

第二十五条　成立清算组的农民专业合作社应当自清算结束之日起30日内，由清算组全体成员指定的代表或者委托的代理人向原登记机关申请注销登记，并提交下列文件：

（一）清算组负责人签署的注销登记申请书；

（二）农民专业合作社依法做出的解散决议，农民专业合作社依法被吊销营业执照或者被撤销的文件，人民法院的破产裁定、解散裁判文书；

（三）成员大会、成员代表大会或者人民法院确认的清算报告；

（四）营业执照；

（五）清算组全体成员指定代表或者委托代理人的证明。

因合并、分立而解散的农民专业合作社，应当自做出解散决议之日起 30 日内，向原登记机关申请注销登记，并提交法定代表人签署的注销登记申请书、成员大会或者成员代表大会做出的解散决议以及债务清偿或者债务担保情况的说明、营业执照和法定代表人指定代表或者委托代理人的证明。

经登记机关注销登记，农民专业合作社终止。

第五章　法律责任

第二十六条　提交虚假材料或者采取其他欺诈手段取得农民专业合作社登记的，由登记机关责令改正；情节严重的，撤销农民专业合作社登记。

第二十七条　农民专业合作社有下列行为之一的，由登记机关责令改正；情节严重的，吊销营业执照：

（一）登记事项发生变更，未申请变更登记的；

（二）因成员发生变更，使农民成员低于法定比例满 6 个月的；

（三）从事业务范围以外的经营活动的；

（四）变造、出租、出借、转让营业执照的。

第二十八条　农民专业合作社有下列行为之一的，由登记机关责令改正：

（一）未依法将修改后的成员名册报送登记机关备案的；

（二）未依法将修改后的章程或者章程修正案报送登记机关备案的。

第二十九条　登记机关对不符合规定条件的农民专业合作社登记申请予以登记，或者对符合规定条件的登记申请不予登记的，对直接负责的主管人员和其他直接责任人员，依法给予处分。

第六章 附 则

第三十条 农民专业合作社可以设立分支机构，并比照本条例有关农民专业合作社登记的规定，向分支机构所在地登记机关申请办理登记。农民专业合作社分支机构不具有法人资格。

农民专业合作社分支机构有违法行为的，适用本条例的规定进行处罚。

第三十一条 登记机关办理农民专业合作社登记不得收费。

第三十二条 本条例施行前设立的农民专业合作社，应当自本条例施行之日起1年内依法办理登记。

第三十三条 本条例自2007年7月1日起施行。

附件4　农民专业合作经济组织的发展研究调查问卷

一、农民专业合作经济组织/专业协会调查问卷

（一）基本情况

1. 农民专业合作经济组织的名称是________________。

2. 农民专业合作经济组织的注册部门________________，注册号__________，注册时间__________，注册资金__________万元。

3. 农民专业合作经济组织的驻地是__________，距离主干道的距离__________里。

4. 农民专业合作经济组织的发起时间________________。

5. 农民专业合作经济组织主要种植的作物或经营的产品是__________。

6. 2007年农民专业合作经济组织享受的政府优惠政策或提供的指导有__________。

（1）技术或会计培训　　（2）资金扶持

（3）贷款优惠　　（4）其他__________

7. 农民专业合作经济组织现有会员__________户，组织经济活动辐射农户__________户。

8. 农民专业合作经济组织主要管理人员的年龄________岁，受教育年限________年。

9. 农民专业合作经济组织管理人员工资等日常管理费用每年合计__________元，宣传培训支出__________元。

10. 农民专业合作经济组织是否有组织章程（单选）。

（1）没有　　　　　　　（2）有

（3）正在拟定　　　　　（4）不清楚

11. 农民专业合作经济组织与村民委员会是什么关系__________

（1）两块牌子，一套班子，合作社成员也就是全体村民

（2）村民委员会主任兼合作社负责人，合作社成员是部分村民

（3）合作社负责人是新选的，合作社成员有本村的、也有外村的外乡的

（4）上面说的都对，其实有多种情况：__________

12. 农民专业合作经济组织的成员主要来自于__________（单选）。

（1）本村民小组

（2）本村民委员会

（3）本村为主联合周围村

（4）本乡镇为主，跨乡镇联合

（5）本县为主，跨县（区）联合

13. 农民专业合作经济组织的内部机构有__________（多选）。

（1）社员代表大会　　　（2）理事会（或董事会）

（3）监事会　　　　　　（4）技术部

（5）市场部　　　　　　（6）其他__________

14. 除了上述机构外，农民专业合作经济组织的管理人员还有__________（可多选）。

（1）技术顾问　　　　　（2）市场顾问

（3）法律顾问　　　　　（4）政策顾问

（5）政府指导官员　　　（6）财政审计官员

（7）其他__________

15. 农民专业合作经济组织的决策机制________（单选）。

（1）合作成员一人一票

（2）股东一人一票

（3）成员一人一票，与股东一人一票相结合

（4）一股一票

（5）理事会（或管理委员会等）讨论决定，一般成员不发表意见

16. 农民专业合作经济组织的股份结构是______（单选）。

（1）只需要提供土地使用权，其他没要求

（2）加入合作社的成员都要入股

（3）但主要是理事会的成员入股，一般成员不要求入股

（4）管理人员和成员自愿认购股份

（5）本村人员不入股，但外村外乡加入的要认购股份

（6）以土地或财产折价入股，村民人人有份，按比例量化到人

17. 农民专业合作经济组织在社员自筹资金中前三大股东股金共________元，前五大股东股金共________元。

18. 2007年农民专业合作经济组织年终总收入额为______元。

19. 2007年农民专业合作经济组织的年终纯收入为______元。

20. 2007年农民专业合作经济组织内农户年终的总收入为______元。

21. 该合作社年缴税额为________元，是否享受税收优惠。

（1）是，优惠________元 （2）否

22. 农民专业合作经济组织与社员间利益联结形式是______。

（1）统一提供农业技术服务 （2）联合销售＋统一服务

（3）入股分红 （4）联合购买生产资料

（5）保护价收购 （6）其他________

23. 农民专业合作经济组织如何分红__________（单选）。

（1）按__________%提留发展资金后，__________%按股分红，__________%按社员与经济合作社的交易额返还利润

（2）不按股分红，只按照社员与经济合作社的交易额返还利润

（3）利润在社员中平均分配

（4）刚成立的合作经济组织，还没有利润分配

（5）只提供技术信息培训方面的服务，经营是各户进行，没有利润分配

（6）以上都不是，是__________

24. 农民专业合作经济组织的组建类型属于______（单选）。

（1）专业大户牵头　　　　（2）龙头企业带动

（3）农业服务部门领办　　（4）其他__________

25. 农民专业合作经济组织是否有下属企业__________。

（1）有　　　　　　　　　（2）没有

26. 农民专业合作经济组织是否可以自主选择签订合同的企业__________。

（1）是　　　　　　　　　（2）否

27. 农民专业合作经济组织一般在什么时候与相关企业或农户签订合同__________（单选）。

（1）在农产品开始生产以前　（2）生产过程中

（3）在产品收获后

28. 农民专业合作经济组织与企业或农户签订合同期限一般为多长时间__________（单选）。

（1）1年以内　　　　　　　（2）1～2年

（3）2～3年　　　　　　　（4）3年以上

29. 农民专业合作经济组织与企业或农户签订的主要是什么内容的合同__________（单选）。

（1）一般销售合同　　　　（2）生产合同

30. 农民专业合作经济组织在近一年内是否有引进新技术________。

(1) 有　　　　　　　　(2) 无（请从34题继续）

31. 近一年引进何种新技术？________

新技术引进推广的路径？________

32. 农民专业合作经济组织引进该项新技术所投入的成本（包括购买设备、技术培训等）________元。

33. 采用该项新技术前，农民专业合作经济组织的总产值（该合作组织所生产或经营的农产品）是________元。

34. 采用该项新技术后，农民专业合作经济组织的总产值为________元。

35. 农民专业合作经济组织近年来的发展情况，以及收入的变化情况。

36. 在合作组织的建立发展过程中遇到的困难、发展体会，涉及合同履约情况、内部管理、融资、深加工成本、市场开拓等各方面。

37. 制约农民专业合作经济组织发展的影响因素包括______（多选），并按照影响程度对其进行从大到小的排列______。

(1) 资金　　　　　　　　(2) 人才

(3) 市场　　　　　　　　(4) 技术

(5) 政府支持　　　　　　(6) 产权保护

(二) 农民专业合作经济组织融资情况

A 银行贷款情况

1. 农民专业合作经济组织是否申请过银行贷款________。

(1) 是（跳至第3题）　　(2) 否（继续）

2. 没有申请贷款的原因是________（跳至第12题）。

(1) 有足够资金，无需贷款

(2) 贷款的成本太高

(3) 获得贷款的可能性很小

3. 该农民专业合作经济组织获得贷款的难易程度是______。

（1）几乎不可能

（2）比较难

（3）基本满足需要

4. 该农民专业合作经济组织获得银行贷款较前两年______。

（1）更加困难

（2）没有变化

（3）较轻松

5. 一般情况下，农民专业合作经济组织获得贷款难的原因是______。

（1）虽然有偿还能力，但缺少足够的抵押

（2）合作社盈利能力差

（3）金融机构资金紧张

（4）其他__________

6. 农民专业合作经济组织得到的银行贷款占申请贷款的比重一般为__________%，利率为__________‰。

7. 农民专业合作经济组织从__________年开始有银行（信用社）贷款。

8. 农民专业合作经济组织现有银行贷款的来源主要是：国有商业银行（中行、建行、工行、农行）占______%；其他商业银行占______%；农村信用社占______%；城市信用社占______%。

9. 农民专业合作经济组织获取银行贷款的主要形式有：信用贷款（无抵押和担保）占______%；抵押贷款占______%；担保贷款占______%。

10. 农民专业合作经济组织获取银行贷款的主要担保人是______。

（1）其他合作组织　　　　（2）亲戚朋友

（3）其他个人　　　　　　（4）担保机构

（5）政府部门　　　　　　（6）其他__________

11. 目前农民专业合作经济组织是否有逾期贷款__________。

(1) 有　　　　　　　　(2) 否

B民间借贷情况

12. 农民专业合作经济组织是否有民间借贷__________。

(1) 有　　　　　　　　(2) 否

13. 获得民间借贷的可能性有多大__________。

(1) 基本上能满足　　　(2) 能够部分满足

(3) 获得贷款可能性不大　(4) 本地没有民间金融机构

14. 民间借贷的年利率是__________%。

15. 民间借贷主要发生在农民专业合作经济组织的哪个发展阶段__________。

(1) 初创期　　　　　　(2) 发展期

(3) 扩展期　　　　　　(4) 成熟期

(5) 一直都有

C固定资产投资及流动资金来源

16. 资金是否成为农民专业合作经济组织扩大规模或投资新项目的主要限制因素__________。

(1) 最重要的限制因素　(2) 重要

(3) 一般　　　　　　　(4) 不重要

(5) 不成问题

17. 该农民专业合作经济组织最近一次进行固定资产投资的规模达到__________万元。

18. 该农民专业合作经济组织的固定资产资金主要来源于：自有资金占__________%；国家政策性贷款占__________%；商业银行贷款占__________%；农信社贷款占__________%；民间借贷占__________%；其他占__________%。

19. 该农民专业合作经济组织的流动资金主要来源于：自有资金占__________%；国家政策性贷款占__________%；商业银

行贷款占__________%；农信社贷款占__________%；民间借贷占__________%；其他占__________%。

D 农民专业合作经济组织的融资情况

20. 目前农民专业合作经济组织资金方面存在的问题有__________。

(1) 流动资金不足　　(2) 固定资产投资不足
(3) 技术开发投入不足　　(4) 资金成本太高
(5) 资产负债率太高　　(6) 受三角债拖累
(7) 不存在问题　　(8) 其他__________

21. 农民专业合作经济组织最需要的融资期限为__________。

(1) 三个月　　(2) 六个月
(3) 六个月到一年　　(4) 一年到三年
(5) 其他

22. 农民专业合作经济组织最希望的融资方式依次是__________（排序）。

(1) 自筹　　(2) 银行贷款
(3) 外资　　(4) 民间借贷
(5) 其他

23. 选择影响农民专业合作经济组织获得金融机构贷款的主要因素，并按照影响程度对其从高到低进行排序__________。

(1) 国家信贷政策
(2) 手续繁琐
(3) 效率低下
(4) 难以获得第三方担保
(5) 没有合格的抵押资产
(6) 融资成本过高
(7) 资信状况不符合银行要求
(8) 缺乏必要的人际关系

(9) 合作组织的盈利能力不强

(10) 其他

24. 农民专业合作经济组织融资的阻碍因素影响程度评价

合作社发起人特征	(1) 很大 (2) 较大 (3) 一般 (4) 较小 (5) 没有
合作社组织形式	(1) 很大 (2) 较大 (3) 一般 (4) 较小 (5) 没有
合作社规模	(1) 很大 (2) 较大 (3) 一般 (4) 较小 (5) 没有
资信	(1) 很大 (2) 较大 (3) 一般 (4) 较小 (5) 没有
管理水平	(1) 很大 (2) 较大 (3) 一般 (4) 较小 (5) 没有
盈利能力	(1) 很大 (2) 较大 (3) 一般 (4) 较小 (5) 没有
经营风险	(1) 很大 (2) 较大 (3) 一般 (4) 较小 (5) 没有
国家产业政策	(1) 很大 (2) 较大 (3) 一般 (4) 较小 (5) 没有
宏观经济形势	(1) 很大 (2) 较大 (3) 一般 (4) 较小 (5) 没有
借贷政策	(1) 很大 (2) 较大 (3) 一般 (4) 较小 (5) 没有
利息	(1) 很大 (2) 较大 (3) 一般 (4) 较小 (5) 没有
为获得资金而付出的其他成本	(1) 很大 (2) 较大 (3) 一般 (4) 较小 (5) 没有
融资渠道少	(1) 很大 (2) 较大 (3) 一般 (4) 较小 (5) 没有
其他________	(1) 很大 (2) 较大 (3) 一般 (4) 较小 (5) 没有

E 农民专业合作经济组织获取外部资金的主要方式的有效性评价

25. 利用农民专业合作经济组织的盈利能力获取贷款______。

(1) 很有效　　(2) 有效

(3) 一般　　(4) 无效

(5) 无法评价

26. 利用农民专业合作经济组织的相关资产作抵押获取贷款______。

(1) 很有效　　(2) 有效

(3) 一般　　(4) 无效

(5) 无法评价

27. 利用农民专业合作经济组织的未来收益获取贷款______。

(1) 很有效　　　　　　(2) 有效

(3) 一般　　　　　　　(4) 无效

(5) 无法评价

28. 通过第三方担保获取贷款______。

(1) 很有效　　　　　　(2) 有效

(3) 一般　　　　　　　(4) 无效

(5) 无法评价

29. 通过寻求政府资助或担保获取贷款______。

(1) 很有效　　　　　　(2) 有效

(3) 一般　　　　　　　(4) 无效

(5) 无法评价

30. 通过其他方式获取贷款______。

(1) 很有效　　　　　　(2) 有效

(3) 一般　　　　　　　(4) 无效

(5) 无法评价

F 农民专业合作经济组织的筹资情况

	筹资额					
	2005年		2006年		2007年	
	预计	实际	预计	实际	预计	实际
筹资来源及筹资额总额：						
其中：						
国有商业银行						
其他商业银行						
农村信用社						
其他信用社						
民间融资						
政府扶持资金						
其他						

G 其他

31. 资金短缺对农民专业合作经济组织发展的影响按照程度高低依次排序为__________。

(1) 扩大生产规模　　(2) 技术设备升级

(3) 拓展市场　　(4) 增加新的经营项目

(5) 新产品研制　　(6) 其他

32. 对于短期资金流动需求，选择不同融资渠道的首要原因是______。

(1) 融资成本的高低

(2) 融资手续是否简便

(3) 从提出申请到获得资金的时间长短

(4) 除成本外的其他融资条件的高低

(5) 其他__________

33. 对于中长期资金需求，选择不同融资渠道的首要原因是______。

(1) 融资成本的高低

(2) 融资手续是否简便

(3) 从提出申请到获得资金的时间长短

(4) 除成本外的其他融资条件的高低

(5) 其他__________

二、农民专业合作经济组织农户调查问卷

(一) 被调查者基本情况

1. 您的性别是__________，年龄__________周岁。

2. 您在正规学校上过__________年学。

3. 您的婚姻状况__________。

(1) 已婚　　(2) 未婚

(3) 离婚　　(4) 丧偶

4. 您是否是村（镇）干部________。

（1）是　　　　　　　　（2）否

5. 您是否是党员________。

（1）是　　　　　　　　（2）否

6. 您是否有宗教信仰________。

（1）是　　　　　　　　（2）否

7. 您目前主要从事的职业类型是________。

（1）在家务农　　　　　（2）在外打工

（3）学生　　　　　　　（4）乡干部或村干部

（5）其他________

8. 您的家庭有________口人。

9. 您的家庭有______个劳动力，外出打工的有______人。

（二）2006年粮食种植情况

种植粮食	种植规模（亩）	共收获粮食（斤）	出售单价（元/斤）
小麦			
玉米			
水稻			
花生			
大豆			
棉花			
其他			

（三）2006年家庭收入支出情况

1. 您家2006年的养殖业收入（养鸡、鸭、鹅、猪出售赚得的钱）有________元。

2. 您家2006年的工资性收入（包括打工收入、在单位上班的工资）有________元。

3. 您家2006年的自营非农业收入（如做生意等赚得的钱）有__________元。

4. 您家2006年从合作社获得的分红有__________元。

5. 您家2006年的其他收入（如接受政府或他人资助得到的钱）有__________元。

6. 您家2006年购买农药、化肥、种子等一次性经营费用支出__________元。

7. 您家2006年的税费支出__________元。

8. 您家2006年用于衣食住行、看病、水电费等的生活消费支出__________元。

9. 您家2006年子女学费及在校生活费支出__________元。

10. 您家2006年人情往来支出__________元。

11. 您家2006年修建房屋支出__________元。

12. 您家2006年的其他支出（购置生产型固定资产的费用，如拖拉机、脱粒机等）__________元。

（四）家庭成员与农民专业合作经济组织

1. 您家是否听说过农民专业合作经济组织__________。

（1）是　　　　　　　　　　（2）否

2. 您认为农民专业合作经济组织应该发挥怎样的作用__________（可多选）

（1）提供技术培训、指导

（2）提供种子、化肥等生产资料

（3）把大家组织起来，更好地闯市场

（4）没有必要发展农民专业合作经济组织

3. 您的家庭成员中有没有党员__________。

（1）有　　　　　　　　　　（2）没有

4. 您的家庭成员中是否有人参过军或进城工作过______。

（1）有　　　　　　　　　　（2）没有

5. 您是否有亲朋好友加入了农民专业合作经济组织______。

(1) 有　　　　　　　　　　(2) 没有

6. 您家有没有加入农民专业合作经济组织________。

(1) 有，合作组织名称是________

(2) 没有

7. 您成为农民专业合作经济组织的成员开始于_____年。

8. 加入农民专业合作经济组织后，您的家庭年收入增加______元。

9. 您的家庭加入农民专业合作经济组织的最主要的原因是________（单选）。

(1) 周围有人加入并取得成功

(2) 有利于增加收入

(3) 能为生产销售提供良好的服务

(4) 政府要求

(五) 农户对农民专业合作经济组织的评价

1. 您认为对农民专业合作经济组织的建立帮助最大的是（重要程度越高，分值越高。满分5分）。

	1	2	3	4	5
政府政策扶持					
能人牵头带动					
农民有联合的愿望					

2. 您所参加的农民专业合作经济组织提供哪些服务和帮助？并对提供的服务进行评价（满意度越高，分值越高，满分5分）。

满意度 服务项目	1	2	3	4	5
生产技术培训					

（续）

满意度 服务项目	1	2	3	4	5
提供种苗					
统一供应农药、化肥					
统一产品品牌					
统一收购					
统一运输销售					
统一对外签订合同谈判价格					
遇到灾害和困难时提供帮助					

3. 您对农民专业合作经济组织的整体服务是否满意______。

（1）非常满意　　（2）满意

（3）一般　　（4）不满意

（5）非常不满意

4. 您认为是否有必要大力发展农民专业合作经济组织________（可多选）。

（1）有必要，农民只有组织起来，才能真正成为市场的主体。

（2）有必要，一家一户规模太小，农产品质量千差万别，影响效益。

（3）有必要，农民应该有自己的组织，维护自己的利益。

（4）没有必要，因为我们过去办的合作社都没有成功。

（5）没有必要，集中起来并不会改善我们的经济状况，一家一户经营最好。

（6）不知道，我们不知道农民专业合作经济组织是干什么的，不知道它能带来什么。

5. 您没有加入农民专业合作经济组织的原因是__________（可多选）。

（1）想加入，但没有人能组织大家建立农民专业合作经济组织。

（2）想加入，但自己家的土地不在征用范围内。

（3）加入农民专业合作经济组织并不能改变自己的经济状况。

（4）已有的农民专业合作经济组织并没有发挥多少作用。

（5）不了解农民专业合作经济组织，不知道它有什么好处。

（6）其他__________。

三、农民专业合作经济组织与农民用水者协会（简称WUA）相互配合情况的调查问卷

1. 您认为农民专业合作经济组织发展过程中存在哪些问题__________。

（1）资金不足　（2）技术开发能力不足

（3）组织管理松散　（4）社员素质不高

（5）缺乏技能培训　（6）其他__________

2. 您认为农民专业合作经济组织与WUA相互配合有助于解决哪些问题__________。

（1）资金不足　（2）技术开发能力不足

（3）组织管理松散　（4）社员素质不高

（5）缺乏技能培训　（6）无法解决问题

（7）其他__________

3. 您认为农民专业合作经济组织与WUA相互配合的阻碍因素有哪些__________。

（1）组织经济活动内容的差异性

（2）成员的区域差异性

（3）管理层因素

（4）成员因素

（5）政策法规

（6）其他__________

4. 您认为两者可能的相互配合的方式有__________（可多选）。

（1）日常管理经验交流

（2）组织管理相互支持（人员培训、融资借贷等）

（3）机构整合（成立综合性的机构）

（4）其他__________

5. 您对于两者的相互配合有何具体建议？

后　记

随着我国农产品市场日趋国际化，分散的农户生产与大市场之间的矛盾越来越尖锐，各种形式的农民专业合作经济组织应运而生，旨在将众多分散的农户家庭组织起来，通过统一购买生产资料、提供先进生产技术服务及市场信息、统一销售等方式最终实现农业标准化、规模化、产业化、国际化发展，增加农民受益。世界银行三期项目对江苏省北部五县农民专业合作经济组织的发展给予了资金资助，江苏省财政厅、江苏省农业资源开发局为世行项目的管理单位。本专著正是对江苏省世行三期项目“在世行项目中实施推进农民专业合作组织发展的研究与应用”的研究成果。书中数据主要来源于对江苏省北部五县的实地调研，调研人员均来自南京农业大学经济管理学院张兵教授课题组，调研及研究过程受到江苏省财政厅、江苏省农业资源开发局及徐州、淮安、盐城、连云港、宿迁五县市农业资源开发局的大力支持。研究中重点对目前江苏省农民专业合作经济组织进行定量、定性和案例的全方面系统分析，然而随着市场变化，合作组织也在不断发展和创新，其过程中必然会面临一系列新的问题，我们将继续跟踪对农民专业合作经济组织的调查研究，以期为实现农民增收、发展现代农村经济的政策制定提供一定的理论依据。

图书在版编目（CIP）数据

农民专业合作经济组织发展研究：以江苏省为例/张兵等著．—北京：中国农业出版社，2010.10
ISBN 978-7-109-14987-8

Ⅰ.①农…　Ⅱ.①张…　Ⅲ.①农业合作组织-研究-中国　Ⅳ.①F321.42

中国版本图书馆 CIP 数据核字（2010）第 180969 号

中国农业出版社出版
（北京市朝阳区农展馆北路 2 号）
（邮政编码 100125）
责任编辑　姚　红　商秋红

中国农业出版社印刷厂印刷　　新华书店北京发行所发行
2010 年 11 月第 1 版　　2010 年 11 月北京第 1 次印刷

开本：850mm×1168mm　1/32　　印张：7
字数：170 千字　　印数：1～1 000 册
定价：25.00 元